KB127396

오유순 회고록

길을 걸으며 행복했습니다

오유순 회고록

길을걸으며 행복했습니다

— 캐나다에서 이룬 꿈

2023년 10월 21일 처음 펴냄

지은이 | 오유순
펴낸이 | 김영호
펴낸곳 | 도서출판 동연
등   록 | 제1-1383호(1992년 6월 12일)
주   소 | 서울시 마포구 월드컵로 163-3
전   화 | 02-335-2630
팩   스 | 02-335-2640
이메일 | yh4321@gmail.com
블로그 | https://blog.naver.com/ymedia0116

Copyright ⓒ 오유순, 2023

이 책은 저작권법에 따라 보호받는 저작물이므로, 무단 전재와 복제를 금합니다.
잘못된 책은 바꾸어 드립니다. 책값은 뒤표지에 있습니다.

ISBN 978-89-6447-955-1 03040

오유순 회고록

길을걸으며
행복했습니다

| 캐나다에서 이룬 꿈 |

오유순 지음

동연

자신의 축복 받은 삶에 영감을 받은 오유순 씨의 회고록 출간에 축사를 하게 되어 영광입니다.

랄프 왈도 에머슨 시인은 "… 당신이 살아 있었기 때문에 단 한사람의 인생이라도 조금 더 쉽게 숨쉴 수 있었음을 아는 것… 이것이 진정한 성공이다"라고 했습니다. 그렇다면 오유순 씨는 헤아릴 수 없는 성공을 거두었다는 것을 뜻합니다.

밴쿠버와 캐나다 한인사회의 상징적인 선구자로서 오유순 씨는 선견지명을 가진 리더이자 자선가로서 은혜와 연민으로 시간과 지원을 아끼지 않았습니다. 밴쿠버한인장학재단의 전 이사장이자 무궁화재단의 현 이사장 그리고 다양한 자선 활동에 참여한 오유순 씨는 더 큰 사회를 위한 수많은 기여를 했고, 많은 사람의 삶에 희망과 빛을 가져다주었습니다.

일례로 뉴비스타요양원 내 한인층은 오유순 씨의 너그러움과 선견지명이 없었다면 이루어질 수 없었을 것입니다. 오유순 씨의 아낌없는 기부 덕분에 많은 어르신이 요양원에서 편안하게 한국 문화에 맞는 보살핌을 받을 수 있게 되었습니다.

이민 선구자에서 한인사회의 리더, 자선가 그리고 캐나다 건국 150주년 (2017년)을 기념한 "상원 150 훈장" 수상자인 오유순 씨의 인생사는 앞으로도 계속해서 전해질 가치가 있습니다.

오유순 씨의 회고록이 이 책을 접한 모든 분께 희망과 영감을 전해주기를 바랍니다.

진심 어린 경의를 담아,
2022년 11월
상원의원 **연아 마틴**
(The Honourable Yonah Martin, Senator)

SENATE · SÉNAT

The Honourable Yonah Martin · L'honorable Yonah Martin

CANADA

November 2022

CONGRATULATORY MESSAGE FROM THE HONOURABLE YONAH MARTIN

I am honoured to congratulate Mrs. Eunice Oh on the publication of her memoir, a book inspired by a life well lived.

Ralph Waldo Emerson's writes "...to know that even one life has breathed easier because you have lived...is to have succeeded". By this definition, Eunice Oh has achieved immeasurable success.

As an iconic pioneer of the regional and national Korean Canadian community, she has been a visionary leader and philanthropist willing to give her time and support with graciousness and compassion. As former Chair of the Vancouver Korean Canadian Scholarship Foundation, Chair of the Rose of Sharon Foundation and a willing contributor of various charitable endeavours, she has made great contributions to the wider society and brought hope and light into the lives of many.

As an example, the Korean floor within the New Vista long term care home could not have been built without the generosity and vision of Eunice Oh. Thanks to Eunice Oh's generous donation, Korean elders in care can live their lives with greater comfort and receive culturally-specific care.

Eunice Oh's life story - from pioneering immigrant to community leader, philanthropist and outstanding recipient of the Senate 150 medal in Canada's 150th anniversary year (2017) - is worth telling and reading.

May her book enlighten and inspire all who have the opportunity to come across its pages.

With sincere respect,

The Honourable Yonah Martin
Senator

축사

'집사람' 회고록에 부쳐

오강남

(남편. 캐나다 리자이나대학교 명예교수)

　집사람이 회고록을 낸다고 합니다. '집사람'이라고 했지만, 회고록에서 알 수 있듯이 집에만 있는 사람이 결코 아니었습니다. 저희는 1970년 5월 결혼하고 1971년 1월 한국을 떠나 캐나다 유학길에 올랐습니다. 집사람은 결혼 초부터 그리고 제가 캐나다 온타리오주 해밀턴에 있는 맥매스터대학교에서 종교학으로 박사학위를 받을 때까지 저를 성심성의껏 도와주었습니다. 저희가 캐나다에 오자 곧 얻은 첫째 아들과 곧이어서 얻은 둘째 아들을 돌보면서도 제가 학업에 전념할 수 있도록 신경 써주었고, 심지어 제가 제출 마감 직전에 완성한 리포트나 논문들을 밤새워 타자로 찍어주기도 했습니다. 그때는 그야말로 '집사람'이었고, 좀 과장을 하면 '내조의 여왕'이었습니다. '집사람'으로 내조를 하면서도, 한국에서 약학 석사까지 마친 교육 배경을 그대로 살리고 싶어서인지, 혹은 자기의 가능성을 최대한 발휘해 보고 싶어서인지, 혹은 학위 획득 후 저의 장래가 불확실할 것 같아서인지, 캐나다 약사 자격시험에 도전해서 온타리오주 약사 자격증을 획득했습니다. 그 후 제가 매니토바대학으로 첫 직장을 옮길 때는 매니토바주 약사 자격증을 얻었고, 앨버타대학으로 옮겼을 때는 앨버타주 자격증을 얻었고, 리자이나대학으로 옮겼을 때는 서스캐처원주 자격증을 얻었습니다. 농담이긴 합니다만 어느 면에서 제가 집사람에게 해준 '외조'라는 것이 있다면 이렇게 캐나다 거의 전역에서 살아볼 기회를 준 것, 교수로서 여름 방학이 길어 북미대륙을 동서로는 태평양에서 대서양까지, 남북으로는 캐나다 북부에서 미국을 거쳐 멕시코까지, 동서남북 거의 모든 곳을 다 여행해 보도록 한 것, 북미종교학회가 해마다 북미 여러 곳에서 열릴 때 함께 가서 같이 지내도록 한 것, 무엇보다 꽉 막힌 기독교 신앙에서 해방하게 해준 것이 아닌가 여겨집니다. 제가 리자이나대학교에 영구직을 잡고 아들 셋과 함께 다섯 식구가 오붓하게 잘 지내고 있었습니다. 그러다가 첫째 놈이 태평양 연안 밴쿠버에 있는 University of British Columbia(UBC)로 진학하고, 둘째도 2년 후 형을 따라 같은 학교로 진학하게 되었습니다. '집사람'이 아이들을 보려고 밴쿠버로 갔다가 밴쿠버 기후가 너무 좋다고 하면서 제게 장거리 전화로 밴쿠버로 이사하면 좋겠다고 했습니다. 그러면서 벌써 이사할 집도 계약을 해놓았다는 것입니다. 마침 저는 그때 안식년을 맞아 1년간 학교 수업을 하지 않아도 되었기 때문에, 1991년 여름 다 같이 밴쿠버로 옮겼습니다. 밴쿠버로 옮겨 집사람은 다시 브리티시컬럼비아(BC)주 약사 자격증을 따고 자기 자신의 약국을 차리게 되었습니다. 그때 이후로 '집사람'이라는 호칭이 어울리지 않을 정도로 대외활동이 활발해지기 시작했습니다.

결혼 초 농담 반 진담 반으로 "우리가 살아가면서 작은 결정은 당신이 다 하고 큰 결정만 내가 하도록 하자"고 했습니다. 그런데 지금껏 살아오면서 제가 해야 할 큰 결정은 거의 없었던 것 같습니다. 제가 할 결정은 어떻게 하면 많은 사람이 종교를 더욱 깊이 이해할 수 있도록 도움을 줄 수 있을까, 어떻게 하면 남북통일을 촉진하는데 도움이 될 수 있을까, 어떻게 하면 세계 평화를 이룩하는 데 기여할 수 있을까 하는 정도였습니다. 그래서 여름방학 때마다 교민들을 위한 종교 강좌도 열심히 하고 교민 신문에 글도 열심히 썼습니다. 그러면서 남북이 화해와 협력의 관계를 유지할 수 있는 방향으로 그리고 종교 간의 평화가 없으면 세계 평화도 있을 수 없다고 한 말에 따라 종교 간 평화를 위한 글이나 강연도 많이 했습니다.

그런데 돌이켜 보면 밴쿠버로 이사한 후부터는 저의 이런 결정 사항도 모두 저의 집사람의 몫이 된 것 같습니다. 약사로서 교민들의 건강을 위해 일하면서도 민주평화통일자문회의 위원으로 계속 한국에서 개최되는 해외지역회의에 참석할 뿐 아니라 북한 어린이들에게 두유를 제공하는 First Steps라는 기구의 이사로 북한을 여러 번 방문하는가 하면, 노벨 평화상을 수상한 세계 지도자들의 연례 모임인 The World Summit of Nobel Peace Laureate에 참석하는 등 제가 할 영역이 집사람에게로 넘어간 기분입니다. 그래서 농담 같지만, 종교학 전공인 제가 할 결정 사항은 하늘에 천국이 있는가, 없는가 하는 것을 결정하는 일밖에 없는 것 같다고 생각할 정도였습니다.

밴쿠버로 이사 이후, 위에서 열거한 일 이외에도 밴쿠버한인장학재단을 맡아 성공적으로 발전시키고, 그 결과로 밴쿠버한인회 회장직에 추대되어 3년간 헌신적으로 봉사하고, 비영리재단인 무궁화재단을 설립하여 지금까지 그 이사장으로 봉사할 뿐 아니라, 밴쿠버 New Vista라는 요양원이 새 건물을 신축하는데 그중 한 층을 한인들만을 위한 층이 되도록 하기 위해 기부금을 투척하는 등, '집사람'으로서의 영역을 넘어서서 '공인'으로서의 일에 열중하고 있습니다. 자세한 것은 회고록에 나와 있을 것이기에 되풀이할 필요는 없을 것입니다. 아무튼 한 여인이 아내로서 그리고 세 아들의 어머니로서 어떻게 이민 생활을 영위해 왔고, 거기에 그치지 않고, 교민 사회를 위해서 뭔가 나름대로 의미 있는 일을 하기 위해 어떻게 힘써 왔는가 하는 것을 기록으로 남기는 것도 좋은 일이라 생각합니다. 또 이런 이야기를 듣고 누군가가 나도 이처럼 뭔가 보람된 일을 해 보면 좋겠다는 용기를 갖게 되는 일이 생긴다면 이 더욱 좋은 일이 아닐까 여겨집니다.

　여보, 회고록 출간을 축하하오.

오 이사장님을 생각하며

김경애

(민주평화평일 자문위원회 캐나다 밴쿠버지회 부회장)

오유순 이사장님은 나의 멘토이자 가장 친한 벗이다. 오 이사장님이 하시는 뜻깊은 일들이 시작되고 마무리되기까지 많은 순간을 함께하고 일상을 함께하며 웃고 정을 나눌 수 있었음에 감사드리고 싶다.

오유순 이사장님은 한마디로 멋있는 여성이다. 하고자 하는 것을 마음에 품으면 바로 실행하는 추진력을 가지고 있으며, 궂은일도 마다하지 않고 솔선수범하여 사람들을 아우르는 리더십은 오 이사장님이 지닌 가장 큰 매력이다. 그러나 이 추진력과 에너지가 가장 큰 단점이 되는 것도 같다. 몸이 열두 개는 되어야 할 일을 혼자서도 거뜬히 해내니 일을 무서워하지 않게 되어 이사장님이 하는 일이 가중되는 결과를 낳기 때문이다. 곁에서 보면 시간을 쪼개고 또 쪼개어 알차게 쓰시는 우리 이사장님, 잠도 푹 주무셔가며 일하세요. 항상 긍정의 에너지를 전달해주셔서 감사해요.

또 그 한결같음을 본받고 싶다. 밴쿠버 한인들을 위한 공간을 마련하는 게 숙원이라고 하신 오 이사장님은 처음 뵐 때나 지금이나 변함없이 그 뜻을 차근차근 이루어 내고 있다. 백안시하는 시선과 많은 방해가 있었지만, 정말 꿋꿋하게 한인회관을 지키셨고 한인 노인들이 여생을 편히 사실 공간도 마련하셨다.

　마지막으로, 오 이사장님은 참 많이 베푸시는 분이라 정말 존경한다. 이사장님이 모금 활동을 하게 되면 너무도 쉽게 모금 활동을 할 수 있었다. 아이티, 필리핀 등 여러 국가 재난과 캐나다 내 산불 등으로 모금 활동을 진행하게 되면 오 이사장님이 가장 먼저 큰 금액의 기부를 하시니 호응이 좋을 수밖에 없었다.　이사장님이 남들에게 베푸시는 것을 보면, 정말 배포도 크고 배짱도 있으시다. 하지만, 자신에게는 좀 인색하시다. 옷도 잘 안 사 입는다. 입고 온 옷이 예뻐서 물어보면 옛날 고리짝에 입던 것, 아니면 새댁 때 입던 옷이란다. 그나마 얼굴이 고우시니 요즘 입어도 손색 없어 보인다. 그리고 먹을 것을 절대 버리는 법이 없다. 굶주린 사람들 생각하면 먹을 것을 버리지 못한다고 한다. 그래서 그릇에 담은 음식은 언제나 다 비우신다. 이런 소소한 하나하나에서 남을 배려하는 마음을 품고 계시는 우리 오유순 이사장님, 친구이자 동지로서 항상 응원하고 영원히 함께하고 싶어요! 사랑합니다.

프롤로그

캐나다 밴쿠버 옆 도시 버나비(Burnaby)에 신축 중인 저소득층을 위한 임대주택이 나의 영어 이름을 따서 '유니스 오 레지던스'(Eunice Oh Residence)로 불린다고 한다. 생각지도 못한 일이어서 처음에는 당황스럽기만 했다. 내가 무슨 자격으로 그런 영광을 얻나 싶어서 정중히 사양하기도 했다. 뉴 비스타의 CEO 대린 프로즈가 나에게 이름을 정하게 된 이유를 설명하며 해준 말이 내 마음을 움직였다.

> "유니스 오 이사님, 우리 사회에는 선한 영향력이 필요합니다. 이름만으로
> 도 많은 사람의 선한 마음을 움직일 수 있다면 좋은 일 아니겠습니까?"

물론 나만 뉴 비스타의 공공사업에 기부한 것은 아니다. 무궁화재단을 비롯한 밴쿠버 한인사회 모두가 힘을 모았기에 뉴 비스타와 함께 공립 요양원을 세울 수 있었다. 그래서 내 이름만 드러내는 것이 부끄러운 일이라고 생각했는데, 대린 프로즈 사장의 말을 듣다 보니 단순히 공을 치하하겠다는 의미가 아닌 것 같아 마음이 편해졌다. 선한 영향력을 전파하는 데 도움이 된다면 기꺼이 내 이름도 기부해야겠다고 생각했다.

삶은 신이 주신 최고의 선물이다. 지금도 새벽에 눈을 뜨면 내게 주어진 오늘이라는 선물에 감사의 마음이 우러나곤 한다. 내가 열심히 살아온

과정들이 고스란히 내 삶의 기쁨으로 남아 있기 때문이다. 어려움에 힘들 때도 있었지만, 조개의 아픔이 진주를 만들 듯 내 삶이 더욱 성숙할 수 있는 시간이기도 했다.

매일 명상으로 하루를 열며 내가 해야 할 일이 무엇인지를 고요히 묻고 답하다 보면 나의 마음이 움직이는 일을 자연스레 알게 되었다. 그것은 바로 가족들, 약국 손님들, 캐나다 한인들, 더 나아가 나를 스쳐 가는 모든 이들이 환하게 웃을 수 있는 일이다. 그리고 그 일을 해 나가는 과정은 과히 축복이었다.

이러한 나의 삶을 돌아보는 과정이 나뿐만 아니라 나의 이야기를 읽는 독자들에게도 삶은 누구에게나 선물같이 주어진 것임을 깨달을 수 있는 기회가 되기를 소망한다. 부디 보잘것없는 나의 삶의 이야기가 독자 여러분께 작은 재미와 참고가 되길 기원하며….

차례

아름다운 도전

약국은 내 인생의 열정을 거의 모두 쏟아부은 곳이다. 내 삶의 중요한 목표 중 하나가 바로 약국을 경영하는 것이었다. 이를 이루기 위해 약학 공부에서부터 차별화된 약국 경영 시스템을 만들기까지 젊은 날의 많은 시간을 약국에서 보냈다. 약국은 약을 매개로 아픈 사람들을 돌볼 수 있는 통로이자 이웃들과 함께 할 수 있는 소통의 장이었고, 우리 가족이 꿈을 이루어 갈 수 있게 든든한 경제적 자산이 되어 준 소중한 공간이기도 했다.

오약국의 문을 열다

1992년 4월 1일은 내 인생에서 매우 뜻깊은 날이다. 캐나다 밴쿠버에서 나의 첫 번째 약국의 문을 연 날이기 때문이다. 주 정부에 등록한 이름은 이글 리지 약국(Eagle Ridge Drugs, ERD)이지만 '오유순 약국' 또는 '오약국'으로 불렸다. 그동안 대형약국에서 관리 약사로, 약국 매니저로서 풀타임으로 일했던 때가 주마등처럼 떠올랐다. 모든 시간을 겪어내고 소망하던 나의 약국을 시작할 때 느꼈던 설렘과 감동을 지금도 생생하게 기억한다. 약국을 준비하기 위해 혼자서 이리저리 뛰어다니면서 장소를 정하고 건물을 계약하고 필요한 약들을 주문했다. 그리고 돈을 아끼기 위해 약국 선반은 코퀴틀람 스쿨 하우스 스트리트에 있는 중고 매장에서 사 왔다. 중고 물건들이지만 그래도 약국답게 꾸미기 위해 깨끗하게 닦아서 새것처럼 만들었고, 필요한 선반의 길이를 일일이 재서 직접 설치하기도 했다.

그때 옆에서 비슷한 시기에 세탁소를 시작했던 박우삼 씨가 그 과정을 다 지켜봤는데, 아마 극성스럽다고 여겼을 것이다. 드디어 약국 문을 여는 그 날이 되자 사람들이 들어오기 시작했다. 선반에 약이 다 채워지기도 전에 약을 찾는 사람들을 보니 가슴이 뭉클했다. 꿈은 이루기 위해 있는 것이라고 하지 않았던가? 나에게는 바로 이날이 꿈의 날이자 오랜 노력이 결실을 맺은 날이었다.

하지만 약국을 시작하는 게 쉽지만은 않았다. 당시는 대형 그로서리(Grocery)에 약국들이 입점하면서 작은 약국들이 줄줄이 문을 닫는 때였다. 밴쿠버에 와서 약국을 할 장소를 찾아 돌아다니다가 결국 집 근처 코퀴틀람에 있는 병원 주변 메디컬 센터에서 약국 자리로 딱 좋은 장소를 발견했다. 계약을 하려는데 거기 의사들이 전에 있던 약국이 두 번이나 파산하고 갔으니 하지 말라고 만류했다. 하지만 나는 무슨 배짱으로 그랬는지 '망하더라도 나는 여기서 시작한다!'는 마음으로 바로 계약했다. 젊은 열정도 있었지만, 밴쿠버에 오기 전 약 18년 정도 약국에서 일했던 터라 약국에 대해서는 아주 자세한 부분까지 알고 있었기 때문이다. 약국이 잘 되려면 무엇을 어떻게 해야 하는지 실전으로 익혀 왔기 때문에 약국 경영에 자신이 있었다.

그런데 중요한 문제는 밴쿠버가 속한 브리티시컬럼비아(BC)주 약사 자격증이 아직 없다는 것이었다. (캐나다는 국가가 아니라 각 주 정부에서 약사자격증을 발급한다. 주를 옮기면 약사자격증을 다시 취득해야 한다.) BC주 약사 시험은 어렵기로 유명해서 캐나다 전역에 사시는 약사 중에 밴쿠버에 오고 싶어도 엄두를 못 내는 사람들이 많았다. 기본으로 네 번은 떨어진다는 시험이었다. 그런데 무모하게도 4월에 약국을 오픈하기로 계약을 하고 2월 시험에 응시했다. 합격 여부가 불분명한 상황에서 약국을 먼저 계약하는 모험을 단행한 것이었는데, 다행히 2월 시험에 합격했다. 여러 난관을 이겨내고 무사히 4월에 약국을 개장할 수 있었으니 이 어찌 신의 은혜가 아니라고 할 수 있겠는가?

당시 밴쿠버지역에 한인 약국으로는 오약국이 처음이었다. 하지만 위치가 한인타운에서는 멀리 떨어져 있어서 불평하는 손님들도 많았다. 20여 년이 지난 지금에는 오약국이 있는 지역이 한인타운이 되었다.

오약국의 경영 철학과 도전들

처음에는 직원을 두지 않고 혼자 약국을 시작했다. 약국 규모가 작았고 대형약국 매니저 시절에 직원 관리가 어려웠던 기억이 있었기 때문이다. 혼자서 약국을 운영하긴 했지만 내가 세 사람 정도의 일은 거뜬히 해냈고 방학 때면 남편과 아들들이 도와줘서 큰 어려움 없이 잘 운영되었다. 그리고 약국에 대한 나의 정성이 통했는지 오약국은 처음의 우려와 달리 사람들이 점점 더 많이 찾는 곳이 되었다. 약국은 약을 파는 곳이지만 사람과 사람이 만나는 곳이라는 생각으로 미소와 친절을 잃지 않으려 노력했다. 나도 사람들을 만나는 것을 좋아했기 때문에 우리 약국은 한국인 손님이 거의 없었는데도 금세 커뮤니티 약국으로 알려졌다.

나는 오약국을 병원 처방전을 중심으로 하는 조제 전문 약국(Dispensary)으로 운영했다. 캐나다의 약국은 그로서리 잡화점처럼 여러 가지를 파는 곳이 많은데, 나는 약만 전문적으로 다루고 싶었기 때문이다.

1971년 캐나다에 와서 약국 테크니션으로 처음 일할 때 전화로 주문받는데 '루스먼'(Ruthman, 북미 담배 브랜드 중의 하나)이나 '저시'(Jersey, 북미 초콜릿 브랜드 중의 하나)의 발음을 알아듣기 어려워 초콜릿인지 담배인지 혼동하곤 했다. 그런데 이제는 발음뿐만 아니라 의사가 마구 휘갈겨 쓴 처방전도 정확히 읽어낼 정도이니 그간 경력이 많이 쌓였음을 느끼기도 했다. 그리고 약만 전문적으로 다룰 수 있는 나의 약국이 생겼다는 것만으로도 가슴이 벅찼다.

일단 약을 사러 온 손님들에게는 정성을 다했다. 약을 파는 것이 먼저가 아니라 손님들의 건강을 최우선으로 생각했다. 건강이 나빠진 것 같다며 비타민을 찾는 손님에게 비타민을 팔기 이전에 운동을 규칙적으로 하고 채소와 과일을 더 챙겨 드시도록 권했다. 이런 진심이 통했는지 우리 약국에 한 번 온 사람들은 멀리 이사 가서도 일부러 우리 약국에 다시 와서 약을 사가는 등 특별한 관계가 되곤 했다.

밴쿠버의 대형 종합병원인 이글 리지 병원(Eagle Ridge Hospital)에서도 우리 약국을 좋게 봐서 그 병원의 처방전을 전문적으로 조제하는 것을 비롯해서 팰리어티브 키트(Palliative Emergency Kit)도 우리 약국에서만 받을 수 있도록 했다. 팰리어티브 키트는 죽기 직전의 환자들에게 꼭 써야 하는 중요한 응급 의약품인데, 대부분 모르핀 주사와 같이 마약 성분이 들어 있어서 세심한 관리가 필요하다. 그 팔레티브 키트를 우리 약국에서만 취급할 수 있도록 했으니 병원의 신임을 제대로 받고 있음을 실감했다.

그리고 블리스터 팩(Blister Pack)을 처음 시작했다. 노인들은 여러 가지 병에 대한 약을 동시에 사용하는 경우가 많은데, 그 다양한 약들을 아침 약, 점심 약, 저녁 약으로 정리해서 쉽게 복용할 수 있게 포장해 주는 것이다. 이런 서비스들을 정성스럽게 해 드리니 언제부터인가 다른 지역의 의사들도 나에게 이런 환자가 있는데 무슨 약을 쓰는 게 좋을지 물어올 정도로 유명해졌다.

다른 약국들은 다 문을 닫는 크리스마스와 설날 휴일에도 약국 문을 열었다. 이런 시즌에는 파티가 자주 열려서 약이 필요한 경우가 많은데, 문을 연 약국이 없으니 길까지 줄이 길게 늘어설 정도로 사람들이 많이 오곤 했다. 그래도 약값을 추가로 받지 않았고, 아침 9시부터 저녁 7시까지 시간도 그대로 운영했다. 그리고 거동이 불편한 사람들에게는 약국이 끝난 후에 집까지 직접 배달해 주기도 했다. 지금은 휴일에도 운영하는 약국이 많아져 오약국은 안 열어도 되는 때가 되었다. 휴일도 없이 일하는 게 힘들기도 했지만, 그때는 약이 필요한 사람들을 돕고 싶다는 생각으로 힘든지도 모르게 일을 할 수 있었다.

또 특별하게 운영했던 것은 메타돈(Methadone) 프로그램이다. 메타돈은 마약에 중독된 사람들을 치료하기 위해 정부에서 관리하는 약으로, 중독자들이 매일 약국에 직접 와서 일정량의 메타돈을 먹게 함으로써 중독에서 벗어날 수 있게 하는 프로그램이다. 마약 중독자들 중에는 험한 사람들도 많아서 주의를 기울여야 하는 일이었지만, 중독에서 벗어나 건강한 삶을 살 수 있게 도와야 한다는 사명감을 가지고 정성을 들였다. 복용량을 어기려 하거나 마약을 요구하는 등 어려운 일도 많았지만 단호하고 엄격하게 규정을 지켰다. 그래도 인간적인 존중을 담은 나의 진심을 그들도 느꼈는지 나의 말은 잘 따르곤 했다.

약국의 불청객, 강도

마약류를 다루기 때문에 강도가 든 적도 있었다. 약국 뒤에 문이 있었는데, 강도가 그 문으로 핼러윈 분장을 한 채 페퍼 스프레이(Pepper Spray)

를 들고 들어와서는 내 등 뒤에서 약장 문을 열라고 협박했다. 나는 꼼짝없이 약장 문을 열어주었고, 강도는 약을 들고 도망을 갔다. 그때 약국 안에 있던 한국인 손님이 그 모습을 보고 쫓아가면서 사람들에게 잡아달라고 소리 질렀는데, 하필 그날이 핼러윈이어서 사람들이 장난인 줄 알고 아무도 안 도와줬다. 결국 강도는 체포되었는데, 그 결정적인 단서가 나의 도장이 찍혀 있는 약이었다. 리자이나(Regina)에서도 비슷한 사건을 겪은 적이 있어서 내 약에는 모두 도장을 찍어 표시해 두었던 터라 강도를 잡을 수 있었다.

리자이나에서 만났던 강도는 나에게 총을 겨누며 마약을 요구했다. 그때는 대형 약국에서 매니저로 일할 때라서 보안요원도 있었는데 보안요원이 커피타임으로 잠시 자리를 비운 사이를 틈타서 강도가 들이닥쳤다. 다급한 순간이었지만 순간적으로 떠오른 생각이 '보안요원이 올 때까지 시간을 끌어야겠다'는 것이었다. 그래서 강도가 무얼 원하는지 뻔히 알면서도 "What do you want?"(원하는 게 뭐예요)라고 물었다. 금고를 열라고 해서 시키는 대로 천천히 열면서도 "What exactly do you want?"(그러니까 원하는 게 정확하게 뭐예요)라고 또 물었다. 지금 생각해 보면 참 침착하게 대처했던 것 같다. 천천히 계속 원하는 것을 물어보면서 약을 꺼내주는 데 보안요원이 돌아오는 게 보였다. 강도는 보안요원을 보고는 약국 뒷문을 통해 도망갔고, 보안요원이 뒤쫓아 나갔다. 그때 강도가 보안요원을 향해 총을 쏘았는데, 약국 뒤에 주차하고 있던 차에 구멍이 난 것을 보면 그게 실탄이었던 모양이다. 그때 나를 겨눴던 총이었는데, 자칫 잘못했다간 죽을 뻔했던 아찔한 경험이었다. 이 경험을 바탕으로 2010년에 문을 연 두 번째 약국에는 뒷문을 만들지 않고 조제실 문의 보안도 신경 쓰는 등 더욱 안전을 기했다.

에드먼튼(Edmonton)에서는 도둑을 만났다. 약국에서 환자를 상담하고 있었는데, 내가 상담에 집중하고 있는 사이에 도둑이 들어와서 내 가방을 들고 간 것이다. 가방에는 신분증, 시계, 신용카드, 체크카드 등 귀중품들이 있었고, 무엇보다 마침 월급날이어서 내 가방에는 월급이 통째로 있었다. 도둑은 그날 내 가방을 훔쳐 가구 구입 등에 1만 달러 이상을 써 버렸다. 하루 사이에 그 큰돈을 쓰다니! 나중에 잡히기는 했지만, 그 도둑에게 젖먹이 아기가 있어서 6개월형만 받고 끝났다. 보상도 못 받아 참 허탈했다. 그 당시에 가짜로 만든 처방전을 사용해서 마약류를 사려는 사람들을 내가 경찰에 고발해서 잡힌 범인들 때문에 증언하러 종종 법정에 가곤 했는데, 이때만큼 법정에서 허탈한 기분을 느꼈던 적이 없었다.

오약국의 비전과 도약

여러 어려움을 겪기도 했지만 오약국만이 할 수 있는 일들을 꾸준히 실천해 가면서 약국에 나의 인생을 모두 쏟아부었다. 손님들의 얼굴, 이름과 약들을 기억해 뒀다가 다시 왔을 때 필요한 약을 정확하게 준비해서 주기도 하고, 손님이 필요한 약이 항상 약국에 구비되어 있도록 세심하게 신경을 썼다. 그렇게 10년이 지나자 지역 사회에서 오약국에 대한 인정과 신뢰도가 높아지고 안정적으로 운영되는 시기를 맞이할 수 있었다.

그래서 잘 정착한 오약국을 바탕으로 한국 약사들을 키우는 데 노력을 기울였다. 약사 자격시험이 어려워서 시험을 통과하는 데 4~5년이 걸리니까 우리 약국에 와서 인턴십을 하게 했다. 그리고 학생들을 키우기 위해 밴쿠버에 있는 세계적인 명문 브리티시컬럼비아대학(University of British

Columbia: UBC)과 이화여대 약대생들이 우리 약국에서 인턴십을 할 수 있
도록 했다. 2015년까지 이곳 한국의 약사들에게는 내가 대모라고 해도 과
언이 아닐 정도로 우리 약국을 안 거쳐 간 사람이 없었다. 일반 약국에서

는 귀찮다고 잘 안 받아주는데, 나는 인턴십을 하고자 하는 사람들은 모두 다 받아줬다. 특히 한국인에게는 기회를 꼭 주어야 한다고 생각했다. 가르쳐야 할 것도 많고 성적도 내야 하고 일은 많아졌지만, 후배들을 키운다는 보람은 그 어떤 것에도 비할 수 없이 컸다.

캐나다에서는 인턴십을 해야 약사 시험을 볼 수 있는 자격이 주어지기 때문에 인턴십 과정이 무척 까다롭다. 외국에서 온 사람들은 3개월, UBC 약대생들은 1개월 동안 약국에서 교육받아야 했다. 약사회(College of Pharmacist)에서 정해준 약국에서만 인턴십을 할 수 있었는데, 그때 우리 약국이 지정되어서 인턴십 과정을 운영했다. 한국 학생뿐만 아니라 외국인들도 인턴십을 하러 우리 약국에 많이 왔기 때문에 작은 약국이 늘 북적대곤 했다. 지금도 코로나19 백신을 다루기 위해서는 약사회의 허가를 받아야 하는데, 캐나다 BC주의 4천여 약국 중에서 약 천 개 정도의 약국만 코로나19 백신의 취급 허가를 받았다. 물론 우리 약국은 지정되어 있다.

특히 나는 한국에서 온 약사들이 캐나다에 정착할 수 있는 발판을 만들어 주기 위해 노력을 많이 했다. 캐나다 약국에서 봉사한 시간이 있어야 하는데, 받아주는 약국이 없으니 한국에서 이민을 온 약사들이 캐나다에 정착하는 데에 어려움을 겪었다. 그 어려움을 잘 알고 있었기 때문에 한국 사람이면 누구든 다 받아주고 내 동생, 내 친척인 듯이 캐나다에서의 생활을 도와주었다. 그들의 언니, 누나가 되고 비빌 언덕이 되는 일은 나에게도 소중한 가족들이 생기는 일인지라 기쁨이 컸다. 그리고 내가 캐나다에 처음 왔을 때 받은 많은 도움의 손길에 보답할 수 있는 길인 듯하여 은혜를 갚는 마음으로 기꺼이 이들의 발판이 되어 줄 수 있었다.

이화여대 약대 학생들도 여기에 와서 학점 인정까지 받는 코스를 밟았다. 학생 한 명이 오는 과정에서 홈스테이(Home Stay)며 프로그램이며 신경 쓸 것도 비용도 만만치 않게 들었기 때문에 한국의 여러 대학에서도 하고 싶어 했지만 실행되지 못하던 일이었다. 그런데 이화여대에서 국가장학금을 활용하여 학생들을 나에게 보냈다. 이화여대 약학대학 출신으로서 캐나다에서 약사로 정착한 내가 후배들을 양성할 적임자라며 학생들을 부탁하셨다. 이화여대 후배들에게 내가 해줄 수 있는 일이 있다는 것이 도리어 나에게도 매우 행복한 일이었다. 똑똑하고 착한 이화여대 후배 학생들이 어찌나 예쁜지 조카들이 온 것처럼 친근하고 즐거운 시간이었다.

그리고 약사를 채용하여 함께 일하기도 했다. 처음에 경기여고와 이화여대 약대 후배인 강혜경 약사를 채용했는데, 굉장히 착하고 성실해서 잘 키우고 싶은 약사였다. 약국을 풀타임으로 맡기고 장기간 여행을 가기도

이화여대 약대 인턴학생들과 함께.

했고, 내가 2004년 기관지 혈관내색전술(Embolization)을 받았을 때는 약국을 넘기려 할 정도로 신뢰했다. 실제로 몇 년 후에 강혜경 약사가 약국을 차렸고, 탄탄하게 잘 운영해 갔다. 나는 한 번이라도 함께 일했던 사람은 모두 다 가족이라고 생각한다. 그래서 그들이 필요한 약이 있으면 원가로 구입할 수 있게 해 줬으며, 복지후생에도 신경을 썼다. 직원을 가족처럼 특별히 생각해주니 한 번 오면 다른 데로 가지 않고 10년이고 20년이고 함께 일하고 싶어 하는 사람들이 많았다.

2009년에는 빌딩을 사서 1층에 약국을 새로 열었는데, 이번에는 실제 '오약국(Oh Parmacy)'으로 등록했다. 2010~2014년까지는 ERD와 오약국 두 곳을 운영했다. 그러다가 2014년에 이화여대 후배인 안혜원 약사에게 첫 번째 약국인 ERD는 2014년에 넘겨주고 오약국 하나만 운영해오고 있다.

약국을 통해 많은 사람을 만나면서 친구같이 친하게 지낼 수 있고, 약국이 곧 사랑방이 되어서 약사들 모임, 학생들 모임, 한국 사람들 모임 등 각종 모임이 만들어지는 게 나는 참 좋다. 실제로 오약국은 내가 봉사하고 있는 한인장학재단, 무궁화재단의 사무실로도 사용되고 있다. 더불어 약국을 통해 아픈 사람들에게 약이라는 실질적 도움을 줄 수도 있고, 열심히 공부하고 일하며 꿈을 이룰 수도 있었고, 경제적으로도 안정을 누릴 수 있게 되어서 그 무엇보다도 소중하고 감사한 공간이다. 나에게 약국은 곧 나의 인생이라고 말하고 싶다.

이화여대 약대 대학원을 다니면서 유학 준비를 하던 중 1970년 5월 10일에 결혼했다. 당시 서울대 대학원에서 종교학을 공부하던 남편이 캐나다 해밀턴의 맥매스터(McMaster) 대학에서 박사 과정을 시작하고 나는 토론토 대학에서 박사 과정 입학 허가를 받아 함께 캐나다로 떠나게 되었다.

1971년 1월 24일 한국을 떠날 때 김포공항에 우리를 환송해 주러 나온 사람들이 가족들과 친구들, 교수님들을 비롯하여 100여 명이나 될 만큼 우리 부부의 캐나다행은 많은 사람의 관심과 애정 속에서 시작되었다. 새로운 시작을 자축하는 의미로 시아주버님이 계시는 일본과 이종사촌 형부가 있는 샌프란시스코, 외삼촌이 사시는 LA를 여행하고 캐나다 토론토로 들어가는 일정을 계획했다. 일본에서는 도쿄 근교의 온천 도시 아타미를 관광한 후 차로 후지산을 올라갔다. 거기서 아주버님께서 귤 한 바구니를 사주셨다. 그때 임신 3개월에 접어들었던 나는 그 많은 걸 혼자 다 먹었다. LA에서는 디즈니랜드에 갔다. 임신한 몸으로 놀이기구를 신나게 타고 돌아다니니까 외숙모가 애 떨어진다고 안절부절 어쩔 줄 모르셨다. 그때는 젊어서 그랬는지 임신의 몸이어도 힘든 줄도 모르고 새로운 시작에 마냥 설레고 즐거운 시간이었다.

2월 2일, 드디어 캐나다 토론토에 도착했다. 캐나다에 대한 나의 첫인상은 거대한 눈더미였다. 그 눈을 뚫고 한국 교회에서 인연이 있었던 임성원 목사님과 그 사위 오연규 씨께서 우리를 마중하러 나와 주셔서 어찌나 감사했는지 모른다. 임성원 목사님 댁에 하룻밤 묵게 되어 아침에 콩나물국을 해주셨는데, 아주 맛있게 먹고 든든하게 캐나다에서의 첫날을 시작할 수 있었다.

아침을 먹고 나서는 우리의 최종 목적지인 해밀턴으로 이동했다. 해밀턴은 토론토에서 60킬로미터 정도 떨어진 곳에 있었다.

캐나다와의 첫 만남, 해밀턴

해밀턴은 나이아가라 폭포에서 차로 40분 정도 걸리는 곳에 위치한, 꽃이 가득한 공원이 40개나 되는 예쁜 도시였다. 미국은 전쟁 무기를 만드는 데 돈을 쓰고 캐나다는 꽃밭 공원을 만드는 데 돈을 쓴다는 말이 있을 정도로 캐나다의 공원은 정말 아름답다.

해밀턴에 도착하자마자 바로 남편이 다닐 맥매스터 대학을 찾아가서 교수님들을 만나고, 대학에서 예약해 놓은 아파트로 갔다. 그런데 어두컴컴한 지하 방이었다. 그날 밤 옆방에서 술에 취한 듯한 남자들이 소리를 질러대 한숨도 못 잤다. 다음 날 아침에 맥매스터 대학 종교학과에서 공부하고 있는 유재신 목사님 부부와 연락이 되어 그분들이 살고 있던 아파트의 한 유닛을 빌려 바로 이사를 했다.

해밀턴에서는 안식일 교회에 다녔는데, 교회 교인들이 우리 부부를 반갑게 맞아주셨다. 특히 같은 교회를 다니던 메리 리스터(Mary Lister)와 로라 시거드슨(Laura Sigurdson)이 살뜰히 챙겨주셨다. 메리 리스터는 초등학교 선생님으로 우리 어머님보다 연세가 좀더 많으셔서 나를 마치 딸처럼 잘 돌봐주셨고, 로라 시거드슨은 예배가 끝나면 우리를 집으로 데리고 가서 항상 점심을 대접해주시곤 했다. 이분들 덕분에 옷 만드는 법도 배우고 살림하는 것도 배워서 임부복도 만들고 커튼도 만들 수 있게 되었다. 그래서 나는 고마운 마음 가득 담아 교회 일도 열심히 했는데, 예배 때 특송도 자주 하고 성가대 활동도 했다.

우리는 또한 맥매스터 대학 유학생들 그룹과 한국 교민 가정과 활발히 교류하며 지냈다. 유재신 목사님 가족과도 왕래가 잦았는데, 나중에 우리 아이들도 잘 돌봐주시고 든든한 가족 같았다. 권오율 박사님도 서울대 경제학과를 나와서 맥매스터 대학에서는 상과 대학 박사 학위 중이셨고 그분 사모님은 이화여대 약대 선배님이셔서 자연스레 친해졌다. 이분들과는 나중에 리자이나에서도 만나고 밴쿠버에서도 또 만나는 깊은 인연을 맺고 있다. 두 집 아이들이 비슷한 또래여서 같이 여행도 다니고 육아 이야기도 나누며 돈독하게 지냈다. 박사님 아이들은 킹스턴(Kingston) 의대를 나와서 UBC 의대 교수를 하고 있다. 중국 부인과 결혼한 수학과 대학원생 이승재 씨도 있었는데, 이분들과도 거의 매일 함께 밥을 먹고 아이들도 함께 키우며 친하게 지냈다. 이승재 씨 집은 같은 아파트 건물의 건너편 유닛에 있어 식사 때가 되면 반찬을 들고 하루는 우리 집, 하루는 그 집 이렇게 오가며 함께 밥을 먹곤 했다.

이승재 씨 부인과는 비슷한 시기에 출산했던 터라 처음 해보는 육아의 어려움을 서로 나누고 도우면서 친하게 지냈다. 그때는 아기를 돌보는 방법을 몰라서 책을 보고 따라서 하곤 했다. 책에 쓰여 있는 것과 달리 젖을 먹이는 일도 젖병을 소독하는 일도 쉬운 일이 하나도 없었다. 기저귀 빠는 법도 누가 기저귀를 밤새 세제에 담가 놓았다가 빨아야 한다고 하면 그대로 따라 했다. 첫 아이가 신생아였을 때 우리의 첫인사는 "밤에 잠은 좀 잤니?"였을 정도로 피곤한 시절이었다. 그래도 같은 어려움을 겪고 있다

보니 서로의 마음을 잘 알아주고 위로해 줄 수 있는 친구가 될 수 있었다. 그리고 이영준 씨, 정해수 씨, 이영구 씨 가족과도 친하게 지냈다.

　해밀턴에서는 출산과 육아가 반복되었던 때라서 힘든 시기였지만, 날마

1972년 8월 1일 유진 첫 돌 잔치.

1974년 2월 27일 세브란스 병원, 유민 탄생.

다 이 집 저 집 돌아다니면서 함께 만나서 밥도 같이 해 먹고 아기들도 옆에 나란히 재워두고 밤새도록 이야기도 나누고 하면서 즐거운 한때를 보냈다. 함께하는 게 얼마나 큰 힘이 되는지 이때의 경험을 통해 아주 잘 알게 된 것이다.

1972년 유진 백일.

1974년 서울 동교동 친정집.

나이아가라(Niagara) 폭포에서.

그리고 나물을 뜯으러 다니던 즐거운 추억도 있다. 캐나다에는 숲과 들판이 많아서 고사리, 취나물, 냉이, 달래 등등 나물이 지천으로 깔려 있어서 그냥 뜯어다가 반찬으로 해 먹었다. 지금은 한국 사람들이 늘어나면서 정부에서 나물 채취를 금지하고 있지만, 그때는 자유롭게 채취할 수 있어서 한번 들판에 나가면 쓰레기봉투만큼 커다란 봉지에 한가득 담아올 정도였다. 얼마나 자주 다녔는지 우리 애가 아장아장 걸으면서 근처를 지날 때면 "엄마 취나물~~" 하기도 했다. 소꼬리, 갈비 같은 것들은 캐나다 사람들이 먹지 않는 부위라서 아주 싸게 살 수 있었다. 소꼬리 하나에 25센트, 다리 하나에 25센트였는데, 이걸 매일 고아서 풍족하게 먹었다. 어머님께서 우리가 유학생으로 가서 영양이 부족할까 봐 항상 걱정하셨지만, 공짜로 나물을 구할 수 있어서 식비도 줄이고 건강한 음식도 먹을 수 있어서 감사한 때였다. 그 후로도 밴쿠버에서 김을 따다가 튀겨 먹기도 하고 도토리도 따다가 말려서 자동차로 깨뜨려서 묵을 쑤어 먹기도 하고, 밤나

무도 많아서 밤을 따다가 쪄 먹기도 했던 맛있는 추억이 이어졌다.

이렇게 한인 교민들과 함께 지냈던 것이 이민 생활에 적응하는 데 큰 힘이 되었지만, 그 무엇보다도 남편과 신혼생활을 하면서 서로를 마음 깊이 의지했던 것이 삶의 든든한 중심점이 되었다. 남편이 공부하느라 바쁜 시간이었지만 임부 교실(Prenatal Class)에 같이 다니면서 태어날 아이를 설레는 마음으로 함께 기다릴 수 있었고, 우리가 만들고 싶은 가정에 대해서도 대화를 많이 나누었다. 그 시간 덕분에 아이를 낳는 것에 대한 두려움도, 외국 생활의 낯섦도 빨리 이겨낼 수 있었지 않았나 싶다.

특히 첫째 유진이가 태어날 때 내 곁을 지키고 출산 후엔 미역국도 직접 끓여서 먹여 주었던 일은 평생 잊지 못할 고마움으로 남아 있다. 내가 아이를 쉽게 잘 낳는 편이어서 출산 과정이 수월하긴 했지만, 진통이 짧은 대신 세고 빠르게 와서 4시간 동안 정말 죽을 것 같은 진통을 겪고 아이를 낳았다. 그렇게 진통으로 힘들어하고 있을 때 남편이 곁에서 돕는다고 임부 교실에서 배운 심호흡을 하라고 하고 아이의 심장 소리가 소중하다며 녹음도 하고 그랬다. 그래도 둘째 유민이는 남편이 일본 동경제대에 박사학위논문 자료를 수집하기 위해 가 있는 동안 한국의 친정에서 낳았기 때문에 산후조리를 편히 할 수 있었다. 돌아보면 임신과 출산을 겪으면서 나도 남편도 서툴렀지만, 해밀턴에서의 시간은 부모로서 조금씩 성장해 가고 아이들로 인해 완성되어 가는 가정의 모습에 안정감을 찾아가던 때였던 것 같다.

슬픈 일도 있었다. 1973년 3월 1일에 다니엘이 태어났지만, 심장이 좋지 않아서 3개월 만에 떠나보내야 했다. 아이는 하늘나라로 갔지만, 이 큰 슬픔을 똑같이 느끼는 단 한 사람인 남편이 곁에서 함께 울며 서로를 위로해 줄 수 있었기 때문에 극복할 수 있었던 것 같다. 다니엘의 선물인 듯이 유민이가 찾아와 준 것도 참 감사한 일이었다. 학생 신분으로 먼 타국 땅에 가서 아이를 낳고 키우는 일이 쉽지만은 않았지만, 어려움이 있었기에 남편과의 신뢰와 사랑이 더욱 단단히 여물어갈 수 있었던 시간이었다.

왕복 5시간의 통학 끝에 취득한 캐나다 약사 자격증

캐나다에 와서 바로 박사 과정에 들어가려고 했으나 임신과 출산, 아버지 사업의 어려움을 겪으면서 남편과 내가 함께 공부하기는 어렵겠다는 생각이 들었다. 그래서 남편의 공부 뒷바라지를 한 다음 나의 공부를 하자고 마음먹고 약국에서 인턴십을 시작했다. 약국에서 일하면서 아기도 키우고 틈틈이 남편 논문 타이핑까지 해주느라 무척 바쁘게 살았다. 종교학이라 산스크리트어 등 외국어가 많이 들어가서 타이핑이 여간 힘든 게 아니었다. 정해진 기한이 있으니 밤새 타이핑을 도왔던 날이 많았는데, 그런 날도 밤을 꼴딱 새우고 약국으로 출근했다.

이렇게 시간을 쪼개어 살면서도 약사 공부에 대한 열의가 식지 않았다. 그리고 남편의 박사 과정이 끝난 이후의 삶을 대비해야 한다는 생각도 컸다. 그래서 남편의 반대를 무릅쓰고 혼자 토론토로 가서 토론토 약학대학 학부에 등록하고 왔다. 캐나다에서는 한국에서 대학원까지 나왔더라도 다시 학부 3, 4학년 과정을 필수로 이수해야만 약사 자격시험을 볼 수 있다. 당시 운전면허를 딴 지 얼마 안 된 때라서 1시간 정도 벌벌 떨며 운전했다. 주행 중에 창문을 열었다가 닫을 여유가 없어 그대로 열어 둔 채 도착했을 정도였다. 목표했던 등록을 끝내고 나니 다시 운전해서 돌아갈 힘이 없어 차는 학교에 두고 버스를 타고 집으로 왔다. 등록하기까지도 힘들

1장 아름다운 도전 _____ 39

었지만, 이후 통학의 힘겨움에 비할 바는 아니었다.

정말 눈물 나는 통학이었다. 토론토대학은 집에서 약 60킬로미터 정도 떨어진 거리에 있었다. 시내버스, 고속버스, 시내버스를 연달아 갈아타면서 토론토대학교에 도착하기까지 2시간 반이 걸렸다. 집에서 새벽 4시에 나가서 수업을 듣고 돌아오는 일정이 고되었지만, 한 번에 반드시 끝내겠다는 각오로 이를 악물고 공부했다. 수업을 들을 때는 영어가 귀에 잘 들어오지 않아서 옆에 앉은 학생에게 부탁해서 노트를 복사한 뒤 달달 외우며 공부했고, 집에 돌아와서도 애들을 재운 후에는 다시 도서관에 가서 정말 피나게 공부했다. 당시 내가 듣던 강의 교재였던 파머콜로지(Pharmacology)와 파마코키네틱(Pharmacokinetic)은 통째로 외워버릴 정도였다.

한 살, 세 살 된 아이를 베이비시터(Baby-sitter)에게 맡기는 일도 녹록지 않았다. 아이를 맡기면서 얼마나 많이 울었는지 모른다. 유재신 목사님 사모님께서도 아이들을 많이 돌봐주시곤 해서 도움을 많이 받았다. 우리 아이들을 귀여워해 주시는 데다 힘들게 공부하고 있는 나의 마음까지 세심하게 살펴주신 참 고마운 분이셨다. 약사 자격증 시험을 보기 위해 필요한 과목을 1년 만에 모두 이수할 수 있었던 것도 이렇게 도와주시는 분들이 계셨기에 가능했다고 생각한다.

1976년 필수 과목을 이수한 직후에 치른 시험에 합격해 내가 살던 해밀턴시가 속한 온타리오주 약사 자격증을 취득했다. 함께 시험을 준비했던 공부 모임 구성원 중 나만 합격한 데다 한국인으로서는 캐나다에서 세 번째로 합격하는 영광을 얻었다. 눈물 나게 노력해서 얻은 결실이기에 보람이 더욱 컸던 것 같다.

애 둘을 키우면서 공부하는 와중에 인턴십 때문에 약국 일까지 했으니 몸이 성할 리가 없었다. 엄청나게 강행군을 이어갔던 게 무리가 되었는지 기침이 멈추지 않고 피까지 나오는 지경이 되었다. 병원에 가서 검사해도 정확한 병명이 나오지 않아 항생제를 먹으면서 견뎠다. 시험 보는 날 남편이 애들과 함께 시험장 근처 모텔에 데려다주고 가는데, 그간의 서러움이 복받쳐서 펑펑 울었다. 공부하는 동안 고생했던 것도 생각나고 시험에 대한 부담감도 크고 병에 대한 두려움까지 겹치니 눈물이 멈추지 않았다. 남편의 든든한 지지와 아이들의 사랑스러운 미소가 없었더라면 끝까지 해내지 못했을지도 모른다.

무리하게 약사 시험 준비를 하면서 시작된 각혈은 그 후로 30여 년간 이어졌다. 힘든 시간 동안 마음은 단련이 됐지만, 몸이 견디지 못했던 것이다. 한 번 피가 나오면 멈추지 않고 막 토하는데, 이러다 죽겠구나 할 정도로 무서웠던 적도 있었다. 셋째 임신 중에 피를 너무 많이 쏟아서 입원하기도 했고, 좋아하던 플루트도 더 이상 불기 어려워졌고, 나중에는 항생제도 소용이 없을 정도였다. 그러다가 2004년 한국에 방문했을 때 또 피를 토하다가 숨을 쉴 수 없을 지경이 되어 앰뷸런스를 불러 삼성병원에 갔다. 그곳에서 내가 앓아온 병이 기관지확장증(bronchiectasis)이었음이 밝혀졌다. 염증이 생겨서 확장되어 핏줄이 터져 나오는 증상으로, 내 경우는 기관지 동맥혈관에 염증이 생겨서 터져 나오니 큰 핏덩어리를 토해 냈던 건데, 핏덩어리가 기관지를 막아 숨을 제대로 쉴 수가 없었던 것이다. 핏덩어리를 토하게 만드는 동맥혈관이 터져 나오지 못하게 쇠로 막는 혈관내색전술(Emboliza- tion)을 받고서야 오랫동안 나를 괴롭히던 병에서 해방이 될 수 있었다.

이런 우여곡절이 있긴 했지만, 캐나다에서 첫 약사 시험을 준비할 때의 고생을 발판 삼아 타 주로 이사할 때마다 다시 치러야 했던 약사 시험에서도 자신감을 가지고 준비할 수 있었다. 매니토바(Manitoba)주, 앨버타(Alberta)주, 서스캐처원(Saskatchewan)주 그리고 밴쿠버에 와서는 BC주의 약사 자격증을 모두 취득할 수 있었다. 특히 준비하는 데 4년 정도 걸릴 정도로 어렵기로 유명한 BC주의 약사 시험에서도 한 번에 통과했는데, 모두 힘겹게 쌓아온 노력과 눈물 그리고 신의 은혜로 받은 기쁨의 영예라고 생각한다.

한국인이면 무조건 반가워

한국인이 캐나다에 오면 누군지 몰라도 한국인이라는 이유 하나만으로 귀한 손님이 되었고, 이민을 온 사람들을 위한 환영 파티도 자주 열었다. 해밀턴에서 멀지 않은 나이아가라 폭포는 한국 손님이 올 때마다 구경시켜 주느라고 1년에 여러 번 방문할 정도였다.

그중에서도 한국 대표 농구 선수단과 배구 선수단이 왔을 때가 특별히 기억에 남는다. 1976년에 한국 농구 국가대표 선수들이 캐나다에 방문한 적이 있다. 당시 한국 농구의 여왕으로 유명했던 박찬숙 선수를 포함해서 15명 정도의 선수들이 올림픽 예선 경기와 훈련 등을 목적으로 온 것이다. 농구 선수단에 이어 배구 선수단도 비슷한 시기에 캐나다에 방문했다.

한국 대표팀을 맞이하는 일은 무척 설레는 일이었다. 당시 해밀턴에는 한국 사람들이 20가정 정도밖에 없었기 때문에 더욱 가족처럼 친근하게 맞이할 수 있었다. 대표팀이 비행기에서 내리자마자 태극기를 가지고 나가서 흔들면서 환영하는 뜻을 마음껏 전달했고, 해밀턴 교민들이 합심해서 불고기 등 한국 음식을 대접했다.

남편이 대표팀의 통역을 맡았기 때문에 나는 계속 같이 다니면서 더욱 친하게 지낼 수 있었다. 탈이 나면 큰일이니 선수들은 매운 음식을 자제해야 했지만, 그래도 한국 음식은 역시 김치와 고추장 아니겠는가? 우리 집에 초대해서 김치와 고추장이 들어간 음식을 정성껏 만들어 대접했다. 어찌나 맛있게 먹는지! 동생들처럼 느껴져서 그 모습이 마냥 예쁘고 친근하게 느껴졌다.

그때 우리 아이들이 두 살, 다섯 살이었다. 큰 키의 박찬숙 선수가 우리 아이들을 안고 돌아다니면 우리 아이들도 뭣도 모를 때지만 친근함을 느꼈는지 그 품에 폭 안겨서 잘 다니곤 했다. 며칠 새에 이렇게까지 친해질 수 있을까 싶을 정도로 마음을 다해 서로를 반겼다. 나는 경기가 있을 때마다 응원을 다녔다. 하루는 경기장에서 둘째 유민이가 울어서 안고 데리고 나오는 모습을 기자가 포착해서 'Not everybody is happy'라는 제목의 기사를 낸 적도 있었다.

훈련이 끝나고 한국에 돌아갈 때는 헤어짐이 너무 아쉬워서 서로 부둥켜안고 울면서 환송했다. 우리도 한국을 떠난 지 얼마 안 지났을 때인지라 타지에서 한국 대표 선수단을 만났으니 마음이 얼마나 뭉클했겠는가? 박찬숙 씨도 외국 어디에서도 이런 환대를 받아본 적이 없다며 고마운 마음을 전하고 나중에 한국에 가서도 우리 부모님을 찾아가기도 했다.

토론토와 위니펙으로 이어진 이민 생활

내가 처음 캐나다 약사 자격증을 취득한 1976년에 박사 과정을 마친 남편이 미국 마이애미대학에 강의 전담 계약직 교수로 가게 되어 우리는 토론토로 이사했다. 당시는 약국에서 풀타임으로 일하면서 아이들을 키우고 시어머님도 모시고 있었다. 약국 일은 수입은 괜찮았지만 온종일 일하고 돌아와서 아이들을 돌보는 일이 쉽지만은 않았다. 그래도 시어머님께서 드시고 싶은 게 있다고 말씀하시면 만들어 드리면서 극진히 모시려고 애를 썼다.

어머님 생신 때는 교인 200여 명을 공원으로 초대해 식사를 대접해 드리기도 했다. 그때 함께 했던 시간 덕분인지 시어머님께서는 막내인 우리 집에 오시는 걸 가장 편안해하고 좋아하셨다. 남편네는 8남매 중 큰형님이 돌아가셔서 7남매였는데, 모두 효자 효녀이고 우애도 좋아서 시어머님 생신 때면 한국, 일본, 미국, 캐나다 등 어디에 있든지 다 모였다. 이런 시댁의 돈독한 가족애에 나도 자연스레 동화되어 시어머님 봉양도 열심히

1976년 남편 박사학위 수여식.

했던 것 같다.

그 후 매니토바주 위니펙에서 1977~1978년 약 1년간 살았는데, 내 인생에서 일하지 않았던 유일한 때이다. 내가 경제활동을 하지 않아도 될 만한 상황이 되기도 했고, 약학 공부며 약국 일이며 정신없이 바쁘게 살다 보니 우는 아이들을 떼어 놓아야만 했던 시간이 가슴에 아프게 남아 있었기 때문이다. 그래서 매니토바주의 약사 자격증도 이미 취득한 상태였지만 과감히 일을 잠시 멈추고 아이들에게 집중했다.

살림에 집중하다 보니 먹거리에 가장 많이 신경을 쓰게 되었다. 안식일 교회에서 권장하기도 해서 건강에 이로운 점이 많은 채식 위주로 식단을 짜기로 마음을 먹었다. 단백질을 잘 섭취해야 하니까 집에서 두부를 직접 만들고 콩나물과 숙주나물도 직접 키우면서 채식에 정성을 많이 들였다.

1976년 나이아가라 폭포를 배경으로 시어머님과 우리 식구.

그래서 부엌에서 거의 살다시피 했다. 그래도 아이들이 맛있게 먹는 모습을 보면 그 모든 고단함을 잊고 또 어떤 음식으로 우리 아이들을 먹일까 행복한 고민을 하곤 했다.

그리고 위니펙에서 다니던 한인 교회가 참 재미있었다. 반주도 하고 특송도 하고 교회 사람들과 같이 여행도 다니면서 더없이 평화로운 시간을 보냈다. 특히 권병현 장로님 가족과 자주 어울렸다. 애들도 나이가 비슷해서 두 집이 애들을 데리고 같이 주말마다 수영장도 가고 눈썰매와 스키도 타러 가며 즐거운 시간을 보냈다. 얼마나 돌아다녔는지 그 댁 할머님께서 "너희들은 애들을 물에다 풍덩, 눈에다 풍덩 던져 놓고 키운다"고 하실 정도였다. 아이들은 실컷 뛰어놀아야 건강하게 자란다는 말을 실감하던 때였다.

아이들을 위해 이곳저곳 캠핑도 열심히 다녔다. 그동안 모아 놓은 3천 달러로 빨간색 스카이라크 해치백 차를 사서 아이들을 거기에서 재워가며 다녔다. 여름방학이 되면 애들 아빠가 섬머 코스(Summer Course)를 하는 곳으로 가곤 했는데, 한번은 남편이 뉴 브런즈윅(New Brunswick)주 멍크턴(Moncton)대학에서 여름 강좌를 맡게 되어 애들과 함께 갔다. 거기에서 대서양 연안 상업용 심해 낚싯배를 타고 바다낚시를 갔다. 큰애 유진이가 고등어를 낚아 올려서 엄청 신이 나 하던 모습이 생생하다. 그런 모습을 보는 낙에 여행을 다니는 것이 아닐까? 어른들은 대구를 낚았는데, 캐나다에서는 생선 머리를 버리지만 나는 생선 머리를 좋아해서 버리지 않고 집에 들고 왔다. 살코기는 뼈를 발라내 말려서 먹으려고 창가에 두었는데, 그새를 못 참고 우리 아이들이 다 집어먹기도 했다.

여행하는 동안에도 먹을 것을 미리 준비해서 싣고 갔기 때문에 현지에서 사 먹을 일이 많지는 않았다. 그런데 멍크턴대학의 여름학기 수강 학생 중 한 명이 해변에 있는 셰디악(Shediac)의 크랩(crabs) 공장에서 일하고 있어 게를 싸게 구입했다. 얼마나 맛있게 먹었던지 한 상자가 순식간에 사라졌다. 사실 안식일 교회에서는 레위기에서 정해진 대로 먹어야 해서 크랩을 먹지 않는데, 이날 맛본 크랩은 천상의 맛이었다. 형식에 얽매이지 않는 유연함을 하나님께서도 좋아하시지 않았을까?

멍크턴에서의 캠핑 중에 재미있는 일이 있었다. 아이들이 밤에 자다가 소변을 누고 싶어 해 빈 콜라병에 쉬를 하게 하고 다시 잠들었다. 그런데 자고 일어나서 내가 깜박하고 그걸 마셨지 뭔가! 두고두고 이야기하며 웃곤 했다. 캐나다의 대서양 연안으로 캠핑을 다니면서 신나게 물미끄럼틀을 타며 놀던 순간, 녹음이 짙은 산속에서 별을 보며 이야기를 나누던 순간 모두 잊지 못할 소중한 추억들이다. 우리 아이들의 유년 시절을 풍요롭게 해줄 수 있어서 참 행복했던 시간이었다.

에드먼튼에서 생애 처음 집을 짓다

앨버터주의 에드먼튼에서는 1979년부터 3년간 살았다. 남편이 위니펙 대학과의 1년간 계약이 끝나 앨버타대학으로 옮기게 되었는데, 학교 측에서 대학 근처에 오래된 집을 하나 구해 주었다. 그러나 나는 허름한 집에서 이사도 할 겸 투자도 할 겸 새집을 짓고 싶었다.

당시에는 오일 개발 붐이 일어나서 한국 사람들이 용접 일을 하기 위해 에드먼튼으로 많이 왔다. 한국에서 용접 일을 안 하던 사람들도 여기에 와서 일주일에 2천 달러씩 벌 정도로 호황기였는데, 그 사람들이 집을 짓기 시작했다. 그래서 나도 남편은 하지 말라고 계속 말렸지만, 반대를 무릅쓰고 혼자 에드먼튼 시청으로 갔다.

부촌인 블루킬(Blue Kill) 근처에 옐로버드(Yellow Bird)라는 새로운 개발지가 있었다. 거기에 땅을 사서 집을 짓기 시작했다. 그러나 집을 짓는 일은 잘 몰랐기 때문에 도움이 필요했다. 마침 교회에 양문삼 씨라고 한국에서 목수를 하던 분이 있어서 그분께 일자리도 드릴 겸 같이 집을 짓자고 제안했다. 우선은 설계도가 필요했다. 다행히 친구 중에 내부 천정을 높여서 교회같이 멋진 집을 지은 친구가 있었다. 그 친구에게 가서 설계도를 얻어와서 그것을 토대로 집을 구상했다. 그 후로도 집을 짓는 모든 순간이 미션이었다. 집을 지을 재료를 사러 가도 건축업자(Builder) 면허증이 없으니 모두 소매가로만 구입해야 했고, 집의 뼈대가 되는 프레임을 만들 때는 교인들에게 음식을 대접하면서 도움을 받기도 했다.

어찌어찌 지붕까지 올렸는데 양문삼 씨가 사다리에서 떨어지는 바람에 작업이 한 달간 중단이 되기도 하고, 전기공과 스케줄을 맞추는 데 고생하기도 하고…. 정말 셀 수 없이 많은 고비를 넘겨야 했다. 그래도 약 1년 정도 걸려서 집을 완공했을 때의 그 기쁨은 이루 말로 표현할 수 없을 정도였다. 에드먼튼에서 가장 큰 집을 짓겠다고 시작했던지라, 2층 면적만 약 60평이 되고 지하층도 있고 천장도 높게 해서 교회로 사용해도 될 만한 집이었다. 여기로 이사 오던 날의 그 감격은 아직도 잊지 못한다. 우리의 땀과 눈물로 지은 새집인데다 긴 이민 생활 중에 처음으로 갖는 내 집이었으니 얼마나 기뻤는지! 집을 짓는 동안의 고달픔도 모두 잊을 만큼 날아갈 듯이 좋았다.

집을 짓는 동안 나는 셋째를 임신하고 있었다. 내가 다니는 교회에는 젊은 세대들이 많아서 아기들도 많았는데, 그 아기들이 얼마나 예쁘게 보

1980년 7월 에드먼튼에 살 때 록키 산에서.

1980년 크리스마스 에드먼튼에서.

이던지…. 내가 예쁜 아이를 가진 엄마들을 부러워했는지 서른이 넘었는데도 임신이 되었다. 서른 넘어서 아기를 낳는 경우가 많지 않았던 때라서 교회 식구들이 장난삼아 놀리곤 했다. 셋째를 임신했을 때는 형들 때의 경험이 있어서 그런지 좀 더 여유 있는 행복감을 느꼈다. 새집에서 우리 막내 유현이가 태어났으니 우리에게는 소중한 추억이 있는 곳이었다. 하지만 기쁨도 잠시뿐, 집을 다 짓자마자 오일 파동이 나서 모기지 이자가 20퍼센트까지 뛰었다. 그 모기지를 갚느라고 고생을 많이 했다. 남편이 리자이나대학으로 가게 되면서 나는 에드먼튼에 남아 애 셋을 혼자 키우면서 약국 일을 하고 모기지를 갚아 나갔다.

약국에서 풀타임으로 일하고 집에 와서는 아이들이 온 집안을 어지럽혀 놓은 걸 치우는 게 일상이었다. 바나나 껍질을 던지는 놀이를 했는지 벽에 바나나가 다닥다닥 붙어있는 날도 있었다. 새집을 그렇게 해 놨으니 속상하면서도 남자애들이 신나게 노느라 그런 것을 혼낼 수도 없고…. 다행스러운 것은 일주일에 이틀 정도는 유진이와 유민이가 석 달된 유현이 베이비시팅(Baby-sitting)을 아주 잘해 주었다. 마당에서 토끼도 갖다 키우고 항아리를 마당에 묻어 두고 동치미를 맛있게 먹기도 하던 소중한 추억이 있는 집이다.

에드먼튼에서 1980년 6월에 막내 유현이를 낳고 3개월쯤 되었을 때 남편이 리자이나로 가고, 나는 집을 팔지 못해서 애들과 함께 에드먼튼에 좀더 머물다가 1982년에 갔다. 서스캐처원주의 수도인 리자이나에서는 10년을 살았는데, 여기는 여름에는 영상 40도까지 올라가고 겨울에는 영하 40도까지 내려가는 혹독한 날씨로 유명하다. 그래도 여름 농사에는 적절한 기후라서 프레이리(Praire) 지역은 밀 생산량이 캐나다에서 가장 많은 곳인데, 언덕 하나 없이 아주 넓은 들판이 펼쳐져 있다.

나도 이곳에서 마당을 크게 일구었는데, 특히 가족들이 좋아하는 한국 고추를 많이 심었다. 크리스마스 때 집 안에서 화분에 고추씨를 뿌리면 겨우내 싹이 트고 모종으로 자란다. 그러면 날이 더워지기 시작하는 6월에는 밭에다 내다 심고 7, 8월 동안 부지런히 키웠다. 밭에 심은 날부터는 일기 예보에 귀를 기울이고 있어야 했다. 그날 서리가 내린다고 하면 농작물들이 얼어 죽지 않게 한밤중이라도 온갖 이불이며 텐트 등을 다 동원해서 밭을 덮어주어야 했기 때문이다. 게다가 모기는 얼마나 많은지 모기 퇴치제를 뿌리고 나가도 왱왱거리면서 왕방울만한 모기들이 달려드니 물을 한 번 주는 것도 쉽지 않았다. 그래도 첫 열매가 열리면 고추 하나를 네 조각으로 잘라서 식구들이 함께 먹으면서 행복해하곤 했다. 농사짓는 과정은 아주 고된 일이긴 했지만, 토마토, 고추, 오이, 호박, 상추, 쑥갓 등 채소들을 수확해서 가족들이 둘러앉아서 나눠 먹는 기쁨이 어찌나 큰지 힘든 과정은 다 잊고 겨울이면 다시 씨를 심곤 했다. 한국에서는 밥도 지을 줄 모르고 살았는데, 이민을 오니 어렸을 때 먹던 기억을 되살려서 내가 직접 고추 농사도 짓고 메주도 쑤고 고추장, 간장, 된장도 만들어 먹고

리자이나에 방문한 시댁 친척들과 함께 미국 캘리포니아로 가서 캠핑 중에(1981년).

김장도 해서 먹으면서 살게 되었다.

우리 고추밭은 우리 집에 다니러 온 친척들에게도 기쁨이 되어 주었다. 일본에서 시아주버님 가족이 오셔서 GMC 밴을 타고 로키 산으로 여행을 가는 날이었다. 나는 그날도 아이스박스에 가족들이 먹을 음식들을 이것저것 담고 있었는데, 시아주버님이 직접 밭에 나가셔서 먹음직스럽게 익었다며 고추를 한아름 따서 싸 들고 가셨다. 여행 내내 고기에 곁들여 맛있게 드시던 모습만 봐도 행복했다.

일본 형님네뿐만 아니라 시댁 식구들이 리자이나에 방문하신 적이 있었다. LA에서부터 폭스바겐 밴에 17명이 타고 왔는데, 그 작은 차에서 사람들이 끝도 없이 내리는 것 같았다. 그때 아이들도 저희들끼리 노느라 신나서 밭을 뛰어다니고 지하 방에서 놀다가 지쳐서 잠들기도 했다. 지금도 조카들은 그때가 참 재미있었다며 그 집을 그리워하지만, 숏팬츠를 입은 아이들의 다리가 모기에 물려서 빨갛게 얼룩덜룩한 모습에 나는 속상해하기도 했다. 그래도 조카들이 더운 날씨에 모기에 물려가면서도 우리 집에서의 일들을 행복한 추억으로 기억해 주어 고마운 마음이다.

일본 형님네와 로키산 여행 중에 키우던 개 블랙키를 잃어버린 적도 있었다. 호텔에 개를 데리고 들어갈 수가 없어서 밖에 있는 기둥에 묶어 놓았는데, 그게 풀어진 건지 아침에 나와서 보니 개가 없어서 아이들이 울고불고 난리가 났다. 개를 별로 좋아하지 않았던 나도 그간 정이 들었는지 눈물이 났다. 결국 블랙키 찾는 걸 단념하고 돌아올 수밖에 없었다. 그런데 며칠 지나서 무스조 타운(Moose Jaw Town)에서 블랙키를 찾아가라고 연락이 왔다. 밴프(Banff)에서 어떤 여자가 블랙키가 돌아다니면서 아이들만 보면 따라다니는 모습을 보고 아이들이 키우던 개인 것 같아서 주인을 꼭 찾아주고 싶었다고 한다. 그래서 블랙키의 목줄에 쓰인 연락처를 보고 리자이나로 가는 사람 있으면 좀 데려가 달라고 식당에 광고지를 붙였다. 마침 무스조까지 오는 사람이 있어서 집 근처니까 찾아주려고 데리고 왔던 것이다. 얼마나 고마웠는지…. 남편과 유진이가 바로 달려가서 블랙키를 데려왔다. 이 일로 한국 사람만큼이나 캐나다 사람들도 정이 많다는 걸 알게 됐다. 모른 척할 수도 있었을 텐데, 강아지를 잃어버린 아이들의 마음까지 헤아려 준 그 사람들 덕분에 우리 가족들은 따뜻한 세상을 경험하게 되었다.

이때 찍은 사진들을 보면 우리 집 남자들의 헤어스타일이 비슷한데, 내가 헤어 커트를 직접 해주었기 때문이다. 이발기를 하나 사서 남편을 시작으로 아이들의 머리를 깎았다. 내 머리 파마를 할 때는 남편이 롤을 직접 말아주기도 했다. 처음에는 미용실에 가는 비용을 절약해 볼 생각으로 시작한 일이었는데, 습관이 되어서 그랬는지 미용실에 갈 여유가 생긴 후에도 우리 가족들의 머리는 내가 잘라주곤 했다. 한 달에 한 번 목욕탕에

원, 투, 쓰리, 포 한 사람씩 옷을 홀딱 벗고 들어오면 나는 머리만 들어갈 수 있게 구멍을 뚫은 커다란 쓰레기 봉지를 씌우고 커트를 해주었다. 그때 남편과 아이들이 순한 양처럼 내 손에 머리를 맡기고 있는 모습을 떠올리면 아직도 저절로 미소를 짓게 된다. 아이들이 중학생이 되면서부터는 미용실로 보내긴 했지만, 어렸을 때의 헤어 커트 시간은 우리 가족에게 즐거운 추억으로 남아 있다.

당시 한국은 장발족 단속을 하던 시기였는데, 머리가 길면 경찰이 붙잡아서 머리를 대충 잘라 놓기도 했다. 남편이 한국에 와서 하루는 이발소에 갔는데, 이발사가 내가 커트해 놓은 남편의 머리를 보더니 "어이쿠, 손님 장발 단속 경찰에게 머리를 잘리셨던 건가요?"라고 물었단다. 남편은 이 일화를 소개하면서 이민 가족들은 아내가 가족들 머리를 직접 자른다는 내용을 신문에 기고했다.

리자이나에서도 남편이 방학이 되면 아이들과 함께 캠핑을 떠나곤 했는데, 한번은 외삼촌께서 리자이나에 놀러 오셔서 함께 캠핑을 갔다. 캠핑에서 돌아오는 날 한인회의 사람들과 함께 공원에서 바비큐를 하기로 약속하고 떠났던지라 우리는 바로 약속 장소로 갔는데, 거기에 아무도 나와 있지 않았다. 무슨 일이 있다는 것을 직감하고 바로 연락을 취했다. 지금 물난리가 났으니 빨리 집에 가 보라는 것 아닌가! 리자이나에는 수십 년 만에 한 번씩 대홍수가 나는데 이를 막기 위한 경비가 천문학적이라서 시에서 감당을 못해 피해를 당한다는 이야기를 들은 적이 있었다(홍수가 날 때마다 피해를 본 시민에게 보상해 준다). 부랴부랴 집으로 가 보니 집은 이미 물이 차서 엉망이었다. 지하에 보관하고 있던 음식 재료들이며 물건들이며 온갖 것들이 물에 떠다니며 쓰레기더미 같아 보였다. 시에서 보험을 해줘서 일부 보상을 받기는 했지만 주변 집들도 모두 피해를 입은 상황이어서 복구에는 우리 가족들의 품이 많이 들 수밖에 없었다. 몇 달 동안 집을 복구하는 데 얼마나 힘이 들었는지 모른다. 그래도 집 안 구석구석을 마치 내 몸과 마음을 수양한다는 생각으로 닦았더니 길고 긴 청소도 우리 가족에게 특별한 경험이 되기도 했다.

리자이나에 살 때는 이렇게 날씨와 관련된 추억이 많았다. 한국 드라마 비디오를 빌려다가 이웃들을 우리 집에 초대해서 같이 보기도 했다. 〈사랑과 야망〉(1987)이라는 드라마를 보며 겨울밤이 깊어가는 줄도 모르고 함께 울고 웃다가 차의 엔진이 꽁꽁 어는 바람에 시동이 안 걸려서 다들 택시로 집에 갔던 때도 있었다. 워낙 맹추위에 시달리는 지역이니 추위에 차가 얼 수도 있다는 것을 예상 못한 것은 아니었지만, 그만큼 함께 보는 드라마의 재미가 컸던 것이다. 그리고 캐나다 방송 드라마는 나의 영어 공부에 큰 도움이 되었다. 〈제너럴 하스피탈〉(General Hospital)과 〈어나더 월드〉(Another World)라는 드라마는 일상생활에 사용되는 영어 표현을 외워서 사용할 수 있는 좋은 선생님이 되어 주었다. 재미와 감동도 있고 이웃과 친교의 장도 만들어 주고 학습도 가능하니 나에게 드라마는 일석 삼조의 기쁨이었다.

같이 드라마를 보는 것뿐만 아니라 애들 아빠가 한인회 회장을 할 때라서 스무 가정쯤 되는 한인회 사람들과도 가족처럼 친하게 지내곤 했다. 특별한 일이 없어도 스무 가정 모두 모여서 저녁 식사를 함께하는 날이 많아 서로의 집에 숟가락, 젓가락이 어디 있는지 다 알 정도였다. 운동회처럼 행사가 있는 날이면 우리 집으로 모이게 해서 파티를 열기도 했는데, 30~40인분 정도의 음식은 나 혼자서도 거뜬히 해낼 정도로 숙련이 되었다. 내가 손이 빨라서 칠면조를 사다가 가스레인지 화구 4개의 불을 다 켜 놓고 동시에 여러 가지 음식을 하면 어려울 일도 아니었다. 그렇게 함께 저녁을 먹고 나면 흥이 많으신 권오율 박사님과 남편이 농담을 주거니 받거니 하기도 했고 돌아가면서 노래를 부르기도 했다. 이 시간이 어찌나 재미있었는지 저녁 시간이 짧게만 느껴지곤 했다.

당시에는 취업 이민이 쉬울 때여서 캐나다로 이민 오는 사람들이 많았다. 젓가락 공장을 하던 박왕서 사장님이 이민 수속을 도와주어서 한국 사람들도 많이 왔는데, 어느 해에는 열 가정이나 이민을 오기도 했다. 그러면 우리는 새로운 가정이 올 때마다 환영 파티를 열었다. 가족들이 함께 모여서 맛있는 음식도 나누고 이야기도 나누면서 이민 생활에 적응해 갈 수 있도록 도왔다. 그런데 환경이 척박하다 보니 1년 만에 다시 떠나는 가정도 많아서 환송 파티도 자주 열었다. 영화 〈미나리〉에서 제이콥 역을 맡은 남자 주인공 스티브 연의 가족들도 리자이나로 이민 와서 1년 정도 살다가 친척이 있는 미국 디트로이트로 이사를 했다. 정착하지 못하고 떠나는 사람들을 보며 안타까운 마음도 들고 이민 생활의 어려움도 새삼 느끼는 시간이기도 했다. 그래도 파티를 하면서 여럿이 함께하면 기쁨이 배가 된다는 것을 삶으로 느끼며 이후의 이민 생활에서도 한국인들이 모일 수 있는 자리를 만들기 위해 노력하는 계기가 되기도 했다.

그리고 남편이 몇 분과 함께 한글학교도 세워서 한국 아이들에게 한글도 가르치면서 우리 말과 글을 기억할 수 있도록 도왔다. 한글학교는 이민 온 한국 아이들이 만나서 친구가 되는 장이 되기도 했다. 같이 고민도 나누고 캐나다에 사는 한국인으로서의 정체성도 함께 찾아갈 수 있었다.

아이들을 함께 키웠을 뿐만 아니라 한국에서 손님이 오시면 모두가 내

가족인 듯이 초대해서 같이 밥을 먹고 교제하곤 했다. 내 친구 종화가 왔을 때도 한 달쯤 머무는 동안 이 집 저 집에서 계속 초대를 해주어서 매일을 파티처럼 지낼 수 있었고 떠날 때쯤에는 모두가 친구가 되어 있기도 했다. 종화가 처음 이곳에 왔을 때는 날씨가 너무 추워서 왜 이런 곳에서 사느냐며 투덜거리기도 했지만 따스한 이웃들의 정 속에서 추운 날씨도 잊고 즐거운 기억을 안고 한국으로 돌아갔다.

그리고 1990년에 우리 부모님께서 캐나다 리자이나로 오셔서 함께 살게 되었다. 리자이나의 혹독한 날씨에도 영어 학교를 매일 다니셨다. 하루도 빠지지 않고 다니시는 두 분의 그 끈기가 존경스러워서 나도 닮기 위해 부단히 노력하기도 했다. 젊었을 때 아버님은 사업가이셨고 어머님은 교회 일에 충실하셔서 따로 보내는 시간이 많았는데, 캐나다에 오셔서는 늘 두 분이 같이 다니시면서 함께하는 시간이 많아졌다. 이때 더 다정해진 두 분을 보면서 나의 평화로운 노년을 그려보기도 했다. 그리고 부모님과 함께 살면서 곱게 키운 딸이 이민 와서 고생하는 모습을 보시고는 안쓰러우셨는지 어머님께서 자연스럽게 살림을 도와주셨다. 그 덕분에 나는 편히 일에 몰두할 수 있었다. 평생 허리가 아파서 고생하셨던 어머님께서 나의 살림을 돕기 시작하시면서는 허리가 오히려 튼튼해지기도 했다. 딸을 위해서 없던 힘도 발휘하는 놀라운 모성인 것 같아서 마음이 뭉클했다. 그리고 어머님의 무한 응원을 힘입어 나도 약국 일을 더 열심히 할 수 있는 원동력을 얻기도 했다.

다음 사진들은 1997년 시댁 식구들을 초대한 시어머님 백수잔치와 친정 부모님을 모시고 함께 여행간 사진이다.

1997년 시어머님 백수 잔치 : 밴쿠버에서.

1990년경 리자이나에서 친정 부모님을 모시고.

밴쿠버에서 나의 삶을 찾다

리자이나에서 행복한 나날을 보내고 있었지만, 밴쿠버의 집값이 계속
더 오를 거라고 예상이 되는 상황이라 너무 오르기 전에 밴쿠버에 정착을
해야겠다고 생각했다. 무엇보다 한국 사람이 많고 날씨가 좋아 평생을 나

1995년 친정 부모님과 함께 우리 부부 유 럽 여행. 1996년 친정 부모님, 큰 아들 유진과 중국 여행.

를 위해 아낌없이 내어 주신 부모님을 모시기에 더 나은 환경이라 밴쿠버 로의 이사를 다짐하게 되었다.

리자이나에서 밴쿠버로 이동할 때는 차를 이용했다. 거리가 있다 보니 중간에 모텔에서 숙박하게 되었는데, 내가 돈을 아끼려고 방을 하나만 잡 아서 다 같이 잤다. 더군다나 내가 약사 시험 공부를 한다고 밤새 불을 환 히 켜 놓았으니 부모님이 편히 주무실 수가 없었다. 부모님 방은 따로 잡 아 드렸어야 했는데…. 지금도 그 불효를 후회하고 있다. 나의 어리석은 선 택 때문에 잠을 못 주무셨는데도 온화한 성품의 아버님은 전혀 내색하지 않으시고 나의 시험을 응원하셨다. 그 깊은 사랑과 온유함을 마음에 새기 고 나의 삶이 아버님을 닮기 위해 노력해 가고 싶다.

두 분은 밴쿠버에 오셔서도 변함없이 영어 학교를 매일 다니셨다. 눈이 오나 비가 오나 아침 일찍 일어나셔서 160번 버스를 타고 집에서부터 1시 간가량 걸리는 거리에 있던 영어학교에 가셨다. 학교가 끝나면 스탠리 파 크(Stanley Park)에 가서서 도시락을 드시고 산책하시고 차이나타운에 들

친정어머니 90회 생신 기념(2011년).

밴쿠버 주부미술반.

러 장을 보시고 집으로 돌아오곤 하셨다. 두 분이 함께 노년을 즐기시는 모습에 감사한 마음이 컸다. 나도 부모님께 나의 마음을 표현하고 싶어서 두 분을 모시고 여행을 많이 다니려고 노력했다. 1995년에는 알래스카 크루즈 여행을 다녀왔고, 1996년에는 유럽도 두루 여행했다. 1997년에는 시댁 식구들을 밴쿠버로 초청해서 시어머님 백수 잔치를 해 드렸다. 1998년에는 외삼촌 부부와 함께 카리브해 크루즈 여행도 다녀오고, 중국도 다녀오고 하면서 부모님을 즐겁게 모시려 노력했다. 부모님을 위해 시작한 여행이었지만 일하느라 바쁘게 살고 있던 나에게도 오히려 힐링의 시간이 되었으니 부모님께는 늘 감사한 마음뿐이다.

1991년에 밴쿠버에 처음 왔을 때는 약국 운영하는 일로 정신없이 바빴지만, 약국이 좀 자리를 잡은 후에는 강혜경 약사에게 맡기고 나를 위한 시간을 가졌다. 그즈음 코리아 미디어 문화센터가 문을 열어 그곳을 자주 이용했다. 먼저 주부 미술반을 수강했는데, 미술은 못 하지만 그림 그리는 방법을 많이 배울 수 있었다. 사생반이어서 그림을 그리러 여기저기 돌아다녔다. 버나비산(Burnaby Mountain) 공원에 가서 장승도 그리고 버나비 호수에 가서 호수와 꽃도 그렸다. 나는 풍경을 그릴 때 눈에 보이는 그대로 그려야 하는 줄 알고 투박하더라도 그렇게 그리려고 애를 썼는데, 다른 사람들을 보니 다른 풍경화를 보고 흉내를 내면서 그리고 있었다. 처음에는 그렇게 배운다는 걸 나중에야 깨달았다.

한번은 핼러윈데이 때라서 호박을 그렸는데, 애 아빠가 그걸 보고는 "이건 마늘이야, 호박이야?" 라며 놀려댔다. 하지만 그림을 그리면서 자연을 마음껏 감상할 수 있어 참 좋았다. 그림을 그리기 위해 찬찬히 세상을 보니 그렇게 예쁜 색으로 만들어졌는지 미처 모르고 살았다는 걸 깨닫게 되었다. 상급반까지 모두 수강한 후에는 그림 실력도 늘어 보람도 느꼈다.

연극반을 수강했을 때에는 내가 직접 대본을 써서 연극 공연을 하기도 했다. 미국에 살고 있는 사촌 완숙 언니 이야기를 담은 연극이었다. 대학교 때 등산하다가 허리를 다친 바람에 평생 고생을 해서 내가 항상 마음 한편이 아픈 언니였다. 대본을 쓰는 동안 완숙 언니의 인생에 대해 새롭게 이해할 수 있는 시간을 갖게 되었고, 언니의 생각과 감정을 깊이 공감하는 계기도 되었다. 그래서 연극반에서의 감동이 컸는데, 연극은 다양한 인간의 삶을 무대에서 만날 수 있다는 점이 매우 매력적이었다.

명상반도 수강했다. 명상에는 워낙 관심이 많았던지라 자연스레 수강하게 되었다. 명상하면서 새벽을 깨우는 일이 내 삶에 매우 중요한 구심점이 되었기 때문에 더 자세히 알고 싶고 더 심오한 세계까지 수련하고 싶었다. 명상 선생님이 계시는 곳이라면 어디든 달려갈 준비가 되어 있었다. 문화센터 명상반의 경험은 그 후로 단학과 마음수련 그리고 국선도를 거치면서 더 체계적으로 명상을 배우는 계기가 되었다. 이렇게 뭐든 배울 때는 몰입해서 배우는데 그 모든 배움의 과정은 나에게 흥미롭고 재미있는 시간이기도 하다.

그리고 골프와 수영은 지금까지도 부지런히 배우고 즐기는 운동이다. 날씨가 궂은 날에도 새벽에 나가서 골프를 치고, 틈만 나면 수영하러 간다. 그리고 발치기와 국선도도 꾸준히 하는데, 국선도를 하면서 자연스럽게 체중도 감량이 되고 건강에 이로운 점이 많이 있었다. 운동을 하고 나면 몸도 마음도 가벼워지는 것을 느끼곤 한다. 이것이 바로 나의 건강과 행복의 비결이 아닌가 생각한다.

2002년 4월, 일주일 정도의 일정으로 쿠바에 사는 한국계 후손들을 방문하러 갔다. 밴쿠버에 사시는 이일성 선생님 부부와 김인순, 유미옥, 김정자 선생님 등과 함께 열 명 정도 팀이 되어 한국문화사절단으로 가서 쿠바에 거주하는 한국계 후손들 앞에서 사물놀이, 탈춤 공연도 하고 한국노래도 가르치고 한복, 초, 성냥, 볼펜 등을 선물로 드리고 왔다. 이때 만

2002년 쿠바 동포들과 함께.

사물놀이 배우던 사람들과 함께.

난 한국계 후손들은 여러 세대 동안 쿠바에 살면서도 한국인으로서의 자부심과 고국에 대한 열망을 품고 살아가고 있었다. 그들의 모습이 나의 가슴에 울림을 크게 남겼다.

나는 그 당시 밴쿠버에서 한창현 씨로부터 사물놀이를 배우고 있었다. 처음에는 그냥 배우고 싶어서 시작했는데, 하다 보니 길놀이나 탈춤 공연 등 다양한 한인사회 행사에서 공연할 기회가 생기기도 하고 자연스럽게 한국문화를 캐나다에 알릴 수 있기도 해서 재미있게 사물놀이반 활동을 하고 있었다. 그렇게 함께 사물놀이를 배우던 사람들 중에 이일성 선생님이 계셨다.

이일성 선생님은 쿠바에 대한 애정이 남달라 선교사로서 자주 쿠바를 방문하셨다. 그래서 쿠바 방문이 어려웠던 시기였음에도 불구하고 그분 덕분에 함께 쿠바에 갈 수 있었다. 아바나(Habàna)를 비롯해서 마탄사스(Matanzas), 알데라스(Aldelas) 등 여러 도시들을 방문하는 일정이었는데, 쿠바는 공산주의 국가라서 거기에 거주하는 사람들은 이사든 여행이든 자유롭지 못해 우리가 각 도시로 직접 돌아다니면서 만났다.

우리가 쿠바에 도착할 즈음 쿠바에서 비행기 한 대가 추락한 일이 있었다. 남편은 나와 연락이 바로 되지 않아서 동동거려야만 했다. 공산주의 국가에 방문하는 것만으로도 위험 부담이 있었을 때인데 사고 소식까지 전해지면서 모두의 마음을 졸이게 한 채 쿠바 여행을 시작했다.

쿠바에는 '애니깽'과 관련된 한국의 슬픈 역사가 남아 있다. '애니깽'은 용설란의 일종인 에네켄(Henequen)을 당시 한국인 노동자들이 '애니깽'으로 발음하면서 유래되었다. 구한말 우리나라 사람들이 가난을 벗어나고자 선택했던 이민이었지만 힘없는 나라의 백성들을 노예로 팔아넘기려는 노예 상인들과 일본인 거간꾼들의 속임수로 인해 희망은 절망으로 바뀔 수밖에 없었다. 당시 쿠바에는 인종 계급이 있었다. 흑인 노예가 가장 낮은 등급인 6등급이었던 것에 비해 한국인 노예는 7등급으로 소나 말과 같은 가축 취급을 받았다. 40도가 넘는 사막 같은 날씨에 새벽부터 밤 늦게까지 애니깽을 수확하는 고된 노동에 시달리다 죽는 사람도 있었고, 애니깽 가시에 찔려 독 때문에 팔다리가 썩거나 실명하는 사람도 있었고, 농장에서 도망치려다가 농장주에게 붙잡혀 맞아 죽는 사람도 있었다.

하지만 한국인들은 그런 열악한 상황 속에서도 한국인 특유의 성실함과 인내심으로 버텨냈다. 고된 노동에 시달리면서도 독립운동자금을 모아 대한민국 임시정부로 보내기도 하고, 한인회를 결성하여 함께 모여서 어려움을 이겨낼 방법을 찾기도 하고, 서로를 위로하며 정신적 고고함을 잃지 않았다. 아바나에 있는 역사박물관에서 그 힘든 상황 속에서도 조국을 위해 헌신하는 독립운동가들의 흔적을 보았을 때 가슴에서 뜨거운 눈물이 솟기도 했다. 죽을 위험을 무릅쓰고 탈출해서 당시 조선의 왕이었던 고종에게 한국인 노예의 참상을 알렸던 사람들도 있었는데, 그들의 용기도 마음을 숙연하게 했다.

한국인 소환 노력은 일본의 방해로 좌절되고 역사의 소용돌이 속에서 한국 사람들은 고국으로 돌아오지 못한 채 6대가 내려오는 동안 쿠바에 살고 있었다. 쿠바인과 결혼도 많이 한 데다 한국인들끼리 결혼한 가정도 쿠바의 풍토에 적응해서 그런지 한국인인지 쿠바인인지 구분하기 어려운 모습을 하고 있었다. 그래도 여전히 한국에 대한 애정과 한국인이라는 자부심을 가지고 있었다. 아리랑을 부르며 서툴지만 한국어를 기억하는 그분들을 보면서 같은 한국인으로서 말로 다 설명하기 어려운 뭉클함과 끈

끈한 동질감을 느낄 수 있었다.

그 사람들에게 우리가 준비한 한복을 선물해 주고 한국말도 가르쳐 주고 사물놀이 공연도 하고 한국 노래도 함께 부르면서 한국인의 흥을 즐기기도 했고, 당시 쿠바에서 귀한 생필품이었던 초, 성냥, 볼펜 등도 많이 가져가서 마음을 전달하기도 했다. 비행기로 여러 도시를 돌아다니면서 쿠바 여러 지역에 흩어져서 사는 한국 사람들을 만났는데, 처음 만나는 사람들인데도 같은 한국인이라는 것만으로 그렇게 눈물이 나고 반가울 수가 없었다. 며칠 함께 지내는 동안에는 금세 정이 들어서 형제같이 느껴지면서 진짜 가족이 된 것 같았다.

시간이 오래 지났는데도 한국인 모임을 이어가며 한국인으로서 살아가고 있는 그 사람들이 참 대단하다는 생각이 들었다. 그리고 한국에 오고 싶어도 못 오며 한국과 단절된 채 살아가고 있는 게 내내 마음이 아팠다. 한국뿐 아니라 세계 여러 곳에 살고 있는 한국 사람들이 이러한 역사를 기억하고 함께 도울 수 있었으면 좋겠다. 그리고 한국 정부에서도 이 사람들에 대한 고민과 지원이 꼭 있어야 한다는 생각도 들었다.

2장

봉사의 길

1. 캐나다 한인사회의 숙원을 이루다

한인 요양원 건립

　한인 요양원 건립은 밴쿠버 한인사회의 숙원 사업이었다. 그리고 나도 약국을 오래 경영하면서 어르신들의 약을 해 드리다 보니 자연스럽게 요양원에 관심을 가지게 되었다. 어르신들이 연로하게 되어 요양원에 가야 할 때가 되면 겁을 내는 모습을 많이 보았다. 캐나다 요양원에 가면 언어도 음식도 사람도 낯선 환경이기 때문에 한인 어르신들에게는 좋은 환경이 아니었기 때문이다. 우리 아버님의 친구분도 의사가 양로원에 가시기를 권했지만 안 가겠다고 버티셨고, 결국 단식하다 돌아가셨다. 그때의 충격을 잊을 수가 없다. 그래서 한인 양로원은 꼭 있어야 한다고 생각했고, 한인사회의 여러 사람과 함께 구체적인 방법을 모색해 나갔다.

　한인 요양원을 만들기

2023년 뉴 비스타 요양원 앞에서 권종호 총영사님, 남 마리 아님과 함께.

위해서 시장들을 열심히 만나고 다녔다. 버나비시의 데릭 코리건(Derek Corrigan) 시장, 코퀴틀람시의 맥신 윌슨(Maxine Wilson) 시장과 리처드 스튜어트(Richard Stuart) 시장을 자주 만나다 보니 친하게 지내게 되었고, 그들은 자연스레 한인사회에 관심과 지지를 보내주었다. 하지만 캐나다에는 한인뿐만 아니라 다양한 이민 사회가 있었기 때문에 한인 요양원만 지원해 줄 수는 없었다. 기본적으로 한인사회의 자력이 필요했다.

그런데 막상 우리 힘으로 건물을 지으려니 천문학적인 금액이 필요한 개발사업이라서 난관에 봉착했다. 그래서 밴쿠버에서 시니어 홈을 전문적으로 짓는 대형 뉴 비스타 회사를 찾아갔다. 이 회사의 CEO 대린 프로즈(Darin Froese)에게 내가 기부금을 낼 테니 요양원을 함께 짓자

2022년 4월 Darin Froese 뉴 비스타 사
장과 함께.

2022년 8월 Eunice Oh Residence(오유순 빌딩) 건축 부지
에서 가족들과 함께.

뉴 비스타 요양원 기공식(2019년 1월 26일) 에서 Anne Kang BC주 의원(맨 왼쪽), Darin Froese 뉴비스
타 사장(내 왼쪽으로 두번째), Paul McDonell 버나비 시의원(내 오른쪽) 등과 함께.

고 제안했다. 마침 뉴 비스타에서도 비용 문제로 어려움을 겪고 있었기 때
문에 나의 제안이 받아들여졌다. 이렇게 2017년 7월에 내가 개인적으로
100만 달러를 일시불로 기부하고, 밴쿠버 무궁화재단과 무궁화여성회에
서 매년 5만 달러를 10년간 기부하기로 하고, 뉴 비스타와 신축 요양원 건
물의 한 층을 한인 요양원으로 짓는 MOU를 맺었다.

드디어 2020년 10월에 요양원이 완공되었고, 2층 전체가 한인 요양원이 되어 한인 어르신들이 입주했다. 뉴 비스타 한인 요양원은 공립 요양원으로 세워졌기 때문에 저소득자인 경우 밴쿠버가 속한 BC 주정부로부터 1인당 매월 6천 달러를 지원받는다. 월 이용료 7천 달러 중 1천 달러만 내면 요양원에 거주할 수 있는 것이다. 한인 어르신들을 위해 온돌과 창호문도 설치했고, 한인 직원들을 항시 근무하게 했다. 특히 한식 제공에 신경을 많이 썼는데, 요양원에 계시는 어르신들이 음식에 대한 의견을 말해 주실 때면 바로바로 적용할 수 있도록 꾸준히 도와주고 있다. 어렸을 때 한국에서 먹던 고향의 맛을 느끼며 심신이 안정감과 행복을 느끼게 해 드리고 싶어서다.

이곳에서 많은 한인 어르신이 편안하게 여생을 보내고 계시는 걸 보면 가슴이 뭉클하다. 우리의 힘만으로는 어려운 일이었지만, 지역사회와 힘을 합쳐 결국 해냈다. 오래도록 소망을 품고 노력해온 사람에게 신이 주시는 축복인 것 같다. 한국 사람들과 함께 최고급 시설에서 전문적 돌봄을 받으며 여생을 보내는 것은 우리 한인 이민자들의 공통된 바람이 아닐까? 나도 이곳에서 마지막 시간을 보내고 싶다는 생각이 들 만큼 꿈꾸던 대로 실현이 되어 행복할 따름이다. 앞으로도 한인사회를 위해 계속해서 꿈꾸며 살고 싶다. 그리고 살아 숨 쉬는 한 그 꿈을 이루기 위한 노력을 계속 이어갈 것이다.

무궁화재단과 무궁화여성회

2008년에 밴쿠버 한인사회 여성들이 모여서 어려운 이웃을 돕고 한인사회의 발전을 위한 일을 하자는 취지로 뜻을 모아서 무궁화재단과 무궁

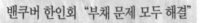

밴쿠버 한인회 "부채 문제 모두 해결"

"액운은 물렀거라" 신명 나는 길놀이 한마당

나의 삶 나의 꿈 무궁화 재단 오유순 회장

"코리아 센터 건립이 꿈"

화여성회를 발족시켰다. 첫해에 한인 요양원 건립 기금 마련을 위한 바자
회를 시작하여 지금까지 매해 바자회를 이어오고 있다. 처음에는 한인타
운 한남슈퍼 옆에 있는 코리아플라자 앞에서 바자회를 개최하다가 지금
은 뉴 비스타 요양원 앞에서 바자회를 하고 있다.

신문광고와 포스터 광고를 내서 한인들이 집에서 안 쓰는 옷, 부엌 용

품, 가방, 구두 등 모든 물건을 오약국으로 보내달라고 하고 바자회를 열어 기금을 마련해 왔다. 해마다 3~4천 달러 정도의 기금을 만들 수 있었고, 기부금도 따로 받았다.

재단 이름은 황승일 변호사의 제안으로 여성들의 모임이니 '로즈 오브 샤론 파운데이션(Rose of Sharon Foundation: 무궁화재단)'으로 짓게 되었고, 기부금 영수증을 발급할 수 있도록 재단을 법적으로 등록도 했다. 기부금 영수증을 발행하는 것은 더 많은 기부자를 모으는 데 긍정적인 영향을 끼쳤고, 재단 운영을 체계적이고 정직하게 운영하는 데에도 도움이 되었다.

또한 무궁화재단은 세계 여러 나라에 재난 구호를 위한 성금을 보내고 있기도 하다. 2010년에는 아이티 지진으로 인해 캐나다 정부에서 기금 마련을 위한 매칭 펀드를 진행했다. 그때 무궁화재단이 한인 단체, 사업체, 각 교회, 개인으로부터 성금을 모금하여 12만 6달러 66센트를 아이티 지진 구호금으로 전달했다. 2012년 일본 쓰나미 때에도 다문화 걷기 대회를 개최해서 성금을 모았다. 다양한 기업과 개인 및 밴쿠버 각 민족 다문화 단체들이 참여하여 비가 오는 중에도 행사는 잘 진행되었다. 하지만 일본의 독도 발언 사건의 영향으로 성금이 많이 걷히지 않아 결국 14,843달러 69센트를 전달했다. 그 후 계속하여 2013년 필리핀 지진 구호금 40,301달러 85센트, 2015년 5월 네팔 지진 구호금 9만 127달러, 2016년 8월 캐나다 포트 맥머리 산불 구호금 63,472달러 55센트, 2016년 5월 31일 에콰도르 지진 구호금 5천 달러, 2017년 캐나다 비씨주 대형 산불 구호금 25,147달러 55센트 등을 각각 캐나다 밴쿠버 한인 동포 이름으로 전달했다.

무궁화재단과 여성회는 처음에 모였던 멤버들이 지금까지 꾸준하게 봉사하고 있다. 그동안 새로운 회원들이 많이 가입해서 처음 시작했던 회원들과 함께 열심히 봉사하고 있다. 처음 회원들이 오랜 시간 함께하고 있는

2022년 바자회에서 무궁화 여성회 회원들과 함께.
앞줄 왼쪽부터 : 우애경, 조춘순, 이연심, 김경자, 백애나, 김인순, 이정임, 김경애, 오유순.
뒷줄 왼쪽부터 : Kate Kim, 최은미, Laula Kim, 차민

만큼 이 무궁화재단과 여성회 회원들은 서로를 아끼는 마음이 크고 무궁화 모임을 통해 하고자 했던 일을 한마음 한뜻으로 이루어 가는 것이다. 이러한 따뜻한 마음들이 바로 무궁화재단과 여성회의 원동력이 아닐까 생각한다. 지금도 오약국의 선반 한쪽에는 무궁화재단 바자회를 위해 기증되는 물건들이 계속 들어오고 있다. 코로나 때문에 잠시 주춤하긴 했지만 2022년, 2023년도에도 새롭게 시작하는 마음으로 다시 바자회를 개최하여 4,000달러 이상의 수익금이 나왔다.

2012년 한국음식 축제에서.

2017년 한인요양원 기금마련 바자회에서 연아 마틴 상원의원, 김경애, 김경자, 김인순, 배은영, 백애나, 우애경, 진영란님(가나다 순) 등 초기 핵심 맴버들과 함께.

2019년 무궁화 여성회 바자회에서. 김인순, 김경자, 진영란, 우애경, 김경애, 배은영님 등과 함께.

2. 캐나다 한인 공동체를 꽃피우다

마음의 고향, 밴쿠버한인회

나는 2009년 9월부터 사임한 전 회장의 후임으로 밴쿠버한인회를 이끌다가 2010년 6월 밴쿠버한인회 총회에서 만장일치로 선출되어 제39대 밴쿠버한인회 회장이 되었다. 한인회 회장은 한인사회 구성원들의 삶의 요구에 민감하게 움직이는 사람이어야 한다고 생각한다. 개개인의 목소리에도 귀 기울여야 할 뿐만 아니라 캐나다에서의 한인 공동체의 바람직한 역할에 대해서도 고민하고 함께 실천해 나가야 하는 것이다. 그래서 한인회 회장으로서 캐나다에 사는 한국인들이 함께 모일 수 있는 구심점이 되려고 노력했다.

먼저 한인회 경비를 줄이기 위해 사무장을 내보내고 내가 직접 사무장 일을 도맡아 했기 때문에 하루 24시간이 모자랄 정도였다. 그리고 한인회관이 우범지대에 있어서 좀도둑도 많이 들어왔는데, 새벽 4시에 경보기가 울려서 잠자고 있던 남편을 깨워서 내가 살던 코퀴틀람에서 한 시간 걸려 밴쿠버에 있는 한인회관까지 가야 하기도 했다. 어두컴컴한 시간에 우범지대에 가려니 어찌나 무섭던지….

그래도 다시 돌아봐도 흐뭇한 미소를 지을 수 있는 일들이 많았다. 대보름 때 길놀이 행사를 했던 일, 밴쿠버 올림픽 때 김연아 선수 및 한국 선수단이 도착할 때마다 공항에 한복들을 입고 나가서 태극기를 흔들며 환영하던 일, 이봉주 선수를 초청해서 마라톤 대회를 개최했던 일, 가수 윤형주와 김세환 씨를 불러서 한인회관 건립 기금 마련 콘서트를 열었던 일, 한인 박람회를 열었던 일 등이 특별히 기억에 남는다.

2010년 정월 대보름날에는 한창현 사물놀이패를 초대해 여러 사업체의 한 해 행운을 빌어주는 길놀이 행사를 개최하였다. 사물놀이를 하며 한남슈퍼에서 노스로드를 따라 북쪽으로 올라갔다. 행운을 빌어주며 방문하는 우리를 한국 교포뿐만 아니라 외국인들도 반갑게 맞아주었고, 그들도 작은 선물로 화답했다. 훈훈한 인정을 나누는 것과 더불어 대보름날의 한국 풍습을 알릴 수 있어 더욱 뜻깊었다.

길놀이에 참여하는 사람들이 모두 화려한 색의 한복을 입고 신명 나는 악기 소리에 맞춰 춤을 추듯 걷다 보면 외국 사람들도 눈을 동그랗게 뜨고 큰 호기심을 보였다. 그러면 우리는 한국문화를 소개하고 여러 기업으로부터 받은 선물을 나눠 주면서 한국의 정을 느낄 수 있게 해주었다. 캐나다에서도 지인들에게 새해 인사를 전하는 풍습이 있는데 이와 비슷하다고 여기며 친근하게 받아들였고, 나아가 사업 번창의 복까지 빌어주니 기꺼운 마음으로 길놀이에 참여하는 것 같았다.

코퀴틀람 시장님과 버나비 시장님도 우리가 선물한 한복을 입고 길놀이에 참여하셔서 한국문화에 대한 칭찬을 많이 해주었고, 나도 이 행사 덕분에 밴쿠버에 와서 처음 사물놀이를 배웠다. 한인회를 운영하면서 나의 재능도 한 가지 더 늘어난 것 같아서 소소한 기쁨도 느낄 수 있었다.

2010년 동계 올림픽 한국 선수단 응원

2010년 2월에 밴쿠버 동계 올림픽이 열려서 캐나다에 온 우리나라 선수들을 응원하는 일을 했다. 올림픽이 열리는 동안 한인 교포들을 위해 한국 선수가 나오는 경기를 한남슈퍼 옆 코리아 프라자에서 중계방송을

하면서 모두가 한마음으로 응원할 수 있도록 돕기도 했다. 그때 김연아, 이상화, 이승훈 선수 등 우리나라 선수들이 메달을 많이 땄다. 그때 나는 경기장으로 직접 응원하러 갔다가 그 영광의 순간을 바로 코앞에서 직관할 수 있었다! 그 감동은 이루 말할 수 없을 정도로 컸다.

경기 시작 전에 작은 태극기부터 대형 태극기까지 크기별로 태극기를 준비해 가서 눈에 띄는 곳마다 잔뜩 붙이고, 많은 사람에게 나눠 주었다. 관객석에서 사람들이 태극기를 흔드는 모습을 통해 선수들의 사기를 높여 주려고 노력을 많이 했다. 한국인이든 외국인이든 응원하러 온 사람들에게 태극기를 주면서 흔들어 달라고 했더니 관람석에 태극기가 엄청 많이 보이게 되었다. 그 광경을 방송국에서도 취재해 가고 그걸 준비한 한인회 회장이라고 인터뷰도 많이 했다. 한국에 있는 친구들이 나를 TV에서 보고 연락하기도 했다.

한인회 사람들이 큰 태극기를 준비해 가서 경기가 끝나면 선수들에게 씌워 주었는데, 김연아 선수가 그 태극기를 휘감고 경기장을 돌 때 눈물이 났다. 어려서부터 고생 고생해서 그 자리까지 온 게 대견하기도 하고 가엾기도 하고 메달까지 따니 기쁘기도 하고 온갖 감정들이 밀려왔다. 아마 김연아 선수가 금메달을 따는 순간에는 한국인이라면 모두가 같은 마음이었을 것이다. 한인회에서는 김연아 선수뿐 아니라 모든 한국 선수의 경기마다 항상 따라다니며 응원하고 챙겨 주었다.

올림픽 때 한국 선수들을 응원하기 위해 태극기를 준비하는 과정은 생각보다 많은 정성이 들어갔다. 캐나다에서는 태극기를 구하기가 어려워서 오로지 태극기를 구하기 위해 한국에 다녀와야 했다. 태극기를 파는 업체를 찾아가서 필요한 태극기들을 주문하고 그 많은 양을 비행기로 가지고 들여오기까지 돈도 시간도 많이 들었다. 그렇게 다양한 크기와 종류의 태극기를 모두 구해서 이민 가방으로 2개를 가득 채워서 돌아오는데, 마음이 어찌나 든든하던지! 그 과정들이 힘들지 않게 느껴졌던 건 한국인으로서 우리나라를 위해 무언가 일을 할 수 있다는 행복감이 굉장히 컸기 때문이다.

그리고 경기가 끝나면 태극기를 그대로 들고 다운타운 길거리로 나와서 행진도 했다. 그때는 올림픽 기간인데다 김연아 선수가 금메달까지 땄으니 누가 뭐라 할 사람도 없고 하니 우리나라 교포들과 태극기를 마음껏 흔들며 기뻐했다. 선수단이 입국할 때부터 출국할 때까지 우리가 태극기를 흔들며 따라다녔으니 당시 우리 한인회 사람들이 보여준 열정은 참 대단했다.

올림픽에 이어서 하는 패럴림픽 때에도 우리나라 선수들을 한인회관에 모시기 위해서 한인회가 있던 건물에 휠체어를 옮길 수 있는 시설까지 설치해 가면서 준비했고, 고급 음식들도 대접해 드리고, 여러 경기가 열리는 휘슬러(Whistler)까지 따라가서 응원도 하면서 최선을 다했다.

그런데 놀라운 건 우리가 선수들을 위해 정성을 쏟고 베풀기만 한 줄 알았는데 그 일을 하는 동안 한인회 사람들이 서로 모여 단합하고 이야기도 많이 나누게 되었다는 것이다. 이 일을 계기로 모임도 더 많아지고 그러면서 관계가 더 단단해지고 네트워크도 확장되면서 한인회가 성장할 수 있었던 기회도 되었다고 생각한다.

윤형주 · 김세환 콘서트 개최

2010년 4월 24일 토요일에는 퍼시픽아카데미에서 한인회관 건립 기금 마련을 위해서 윤형주, 김세환 씨를 불러서 콘서트를 열었다. 기존 한인회관이 좀 허름해 보여서 새로 멋있게 지어 보자는 목표를 가지고 열었던 행사였다. 콘서트를 시작으로 기금 마련을 위해 사방팔방으로 뛰어다녔다.

퍼시픽 홀은 1,600석 규모였는데, 티켓 판매에 한인회 총무였던 김성환 씨의 도움이 컸다. 노래를 잘했던 김성환 씨가 주말마다 한남 슈퍼 앞에

서 버스킹을 했다. 윤형주 씨와 김세환 씨의 노래를 부르며 콘서트를 홍보
하면, 우리는 그 옆에서 사람들에게 티켓을 팔았다.

　이런 노력이 모여 티켓도 잘 팔렸고, 콘서트 당일에 사람들이 공연장을
가득 메웠다. 그런데 내가 생각하지 못했던 게 있었다. 그건 바로 퍼시픽
홀이 음향시설이 좋지 않은 장소였다는 것이다. 가수분들이 리허설을 하
면서 음향 문제를 지적하는데, 정말 아찔했다. 시간이 촉박한 상황이라 그
대로 진행할 수도 있었지만, 무얼 한다면 제대로 해내고 싶었던 터라 바로
음향 전문가에게 달려가 도움을 청했다. 다행히 콘서트 시작 직전에 음향
문제를 해결할 수 있었다. 무사히 콘서트가 시작되는 걸 보고 나니 목이
탔다. 그때 마신 물이 어찌나 시원하던지…. 이때의 경험 덕분에 나는 지
금도 어떤 일을 하든지 사전에 사람들의 의견을 많이 들으려 노력한다. 다
양한 시각으로 검토하고 대화를 나누면 항상 완성도가 더 높아진다는 것

을 경험하곤 한다.

그렇게 해서 모은 콘서트 수익금과 각종 후원 기업들의 협찬과 동문회와 미디어의 협찬 등을 모두 합해서 약 13만 달러를 모아 무궁화재단에 적립해 두었다. 그 돈을 종잣돈으로 해서 기금을 운용하고 내가 좀 더 보태고 해서 현재는 약 18만 달러 정도가 모였다. 조만간 한인회관을 새롭게 건립하게 되기를 기대하고 있다. 적임자가 나타나서 어서 한인회관 건립의 첫 삽을 뜨기를 소망한다. 그날엔 그동안 애쓴 수고의 열매를 볼 수 있겠다는 희망에 가슴이 두근두근한다. 이렇게 한인회가 품은 꿈에 한 걸음 한 걸음 다가가는 과정을 함께 할 수 있어서 얼마나 보람 있고 감사한지 모르겠다.

이봉주 선수와 함께 달리다

2010년 9월 4일에는 국민 마라토너 이봉주 씨를 모시고 10킬로미터 마라톤 행사를 개최했다. 영사관으로부터 이봉주 씨가 토론토에 온다는 소식을 듣고 수소문해서 '캐나다까지 오시는데 우리 한인들을 위해 꼭 밴쿠버에 들러달라'고 부탁했다. 이봉주 씨의 답장을 받자마자 버나비 공원 전체를 통으로 빌려서 '이봉주와 함께하는 가을맞이 가족 건강 걷기'라는 제목으로 한인 교포들 400명 정도가 모이는 장을 준비했다. 많은 사람이 모이는 행사라서 준비할 게 참 많았지만, 우리 한인들이 함께 모일 수 있다면 못 할 게 없다는 마음으로 추진해 나갔다.

우여곡절이 많았던 행사다. 첫 번째 어려움은 이봉주 씨가 오기로 예정된 날짜에 못 온다는 연락을 받은 것이다. 약속한 날짜에 맞춰서 계획을 짜고 시장의 허락을 받아 장소도 대여하고 인력들을 투입하고 진행도 맞

이봉주 선수와 함께 걸읍시다

한인회 주최 '가을맞이 가족 건강 걷기의 날'

쳐 놓았는데 갑자기 오기 어려운 상황이 생긴 것이다. 당시 차를 운전하고 가다가 전화로 그 상황을 전해 들었다. 근처 골목으로 들어가서 차를 세우고는 속이 상해서 울기도 하고 해결책을 찾으려 분주히 여기저기 통화를 시도했다. 다행히 문제를 해결하고 이봉주 씨를 모시긴 했지만, 지금도 전화하던 그 골목을 지날 때면 그 때 일이 떠올라서 얼굴이 달아오른다.

두 번째 어려움은 400명이 마라톤을 하고 피크닉을 할 수 있는 공원을 빌리는 과정이었다. 법적으로도 행정적으로도 공원 사용에 대한 승인을 받아야 했고, 각종 보험도 들어야 했다. 시민들의 양해를 받는 일, 경찰의 협조를 구하는 일, 행사를 치른 후의 쓰레기 처리까지 신경 써야 할 일도 무척 많았다. 이 모든 일들이 버겁기도 했지만, 덕분에 행정절차와 법 공부도 많이 할 수 있었다.

세 번째 어려움은 마라톤 당일에 비가 온 것이었다. 다른 어려움은 내 힘으로 노력하면 해결할 수 있는 일들이었는데, 천재지변은 정말 손을 쓸 수가 없었다. 사람들이 우왕좌왕하며 "회장님 이거 어떻게 합니까? 아무래도 마라톤 행사를 취소해야 할 것 같네요." 하며 거의 포기하는 듯했다. 잠시 고민은 됐지만, 그 많은 준비를 생각했을 때 행사를 취소할 수 없었다. 사람들을 안심시키며 비를 피할 수 있는 텐트와 장소 그리고 도구들을 준비하도록 했다. 우리 한인회 사람들이 빠르고 정확하게 일을 잘해

주어서 무리 없이 일이 진행되는 걸 보고 정말이지 마음이 너무나 기쁘고 흐뭇했다.

다행히 비는 금방 멈추었고 마라톤 행사를 무사히 이어갈 수 있었다. 400여 명 한인 교포들이 가족들을 데리고 나와서 같이 뛰고 걷고 유모차도 밀며 함께 하는 모습이 장관이었다. 그날 행사에 참석하신 신임 최연호 총영사님은 운동을 좋아하셔서 10킬로미터 마라톤을 완주하시고, 다 뛰지 못한 사람들은 할 수 있는 만큼 뛰고는 공원에서 음식을 먹으며 휴식을 취하기도 하면서 그날을 편안히 즐기는 모습이었다.

많은 사람이 한자리에 모이는 것이 쉽지 않았지만 한 공간에서 한마음으로 서로의 속도를 존중하며 함께 할 수 있었던 것이 나에게 큰 의미로 다가왔다. 사람들이 행복해하는 모습은 그간의 고생에 대한 선물처럼 느껴졌다. 400명분의 식사를 준비하고, 이봉주 씨와 참석한 사람들 모두에게 특별한 기념품을 만들기 위해 고생했던 시간이 떠오르면서 뭉클했다. 특히 이 일을 해내느라 말없이 그 모든 수고를 묵묵히 해주었던 한인회 사람들에게 어찌나 감사하던지…. 내 곁에서 일하느라 고생이 많을 텐데도 기쁘게 일해주는 착한 사람들 덕분에 이 행사를 할 수 있었다고 생각한다.

사랑의 헌혈 캠페인

2010년 10월 28일엔 한인회에서 '사랑의 헌혈 캠페인'을 벌였다. 사랑의 헌혈 캠페인은 헌혈에 동참하는 한인들이 많이 늘어나기를 바라는 마음으로 시작한 캠페인으로, 반성은 씨가 독자적으로 해오던 것을 한인회 차원에서 함께 하게 된 것이다. 반병섭 목사님의 따님 반성은 씨가 가족 중한 사람이 수혈받았던 일을 계기로 캐나다 헌혈협회에서 봉사활동을 하며 2년간 헌혈 캠페인을 벌여 왔다는 소식을 접했을 때 반성은 씨의 그 마음에 감동을 크게 받았다. '받은 은혜에 대한 감사의 마음을 봉사로 실천함으로써 이 사회의 더 많은 사람에게 더 큰 은혜로 선순환될 수 있는 것이구나!' 한인회에서 이런 마음을 가진 사람들이 함께 모여 봉사할 수 있게 도와야겠다고 생각했다.

한인들이 많이 다니는 곳인 한아름슈퍼와 한남슈퍼 앞에서 헌혈을 위한 사전 등록도 받고 우리 한인회 임원들이 먼저 헌혈에 동참하여 모범을 보이기도 했다. 실제로 혼자서 캠페인을 벌일 때보다 훨씬 더 많은 사람이 헌혈에 동참하는 결과를 보면서 개개인의 선한 마음이 모일 수 있는 장, 봉사하고 싶은 마음을 실천에 옮길 수 있는 장을 마련해 주는 것이 한인회의 역할임을 새삼 깨닫게 되었다. 그리고 헌혈에 적극적으로 동참하는 한인들을 보면서 이웃의 어려움도 가족의 일처럼 돕는 한인들의 착한 마

한인회 '사랑의 헌혈 캠페인'

10월28일 오후 1시부터, 사전 등록 받아

밴쿠버한인회에서는 '사랑의 헌혈 캠페인'을 오는 10월 28일(목) 오후 1시부터 저녁 8시까지 빌 코프랜드 스포츠 콤플렉스(Bill Copeland Sports Complex)에서 실시한다. 헌혈을 위한 사전 등록은 10월 16일(토)과 17일(일), 그리고 23일(토)과 24일(일) 각각 오후 2시부터 5시까지 한아름마켓과 한남마켓 앞에서 받는다.

'사랑의 헌혈 캠페인'은 캐나다헌혈협회(Canada Blood Service)에서 꾸준히 봉사활동을 해오고 있는 김성은 씨가 독자적으로 벌여오던 것을 올해부터는 한인회 차원에서 함께 하게 됐다.

김성은 씨는 "한인들이 많이 참여해서 사람의 헌혈에 함께 할 수 있으면 하는 바람에서 한인회에 함께 캠페인을 벌이고 있다"면서 "현재 헌혈협회에 '코리안 커뮤니티'라는 이름으로등록이 되어 있어 헌혈하는 한인들의 수가 커뮤니티 안에 추가되어 이것이 연말에 합산된다"고 말했다.

작년의 경우 많은 한인들이 참여해 협회로부터 '코리안 커뮤니티'가 표창장을 받기도 했다.

김씨는 "나 한 사람이 참여하는 것이 한인사회의 캐나다 사회 기여를 상징하는 것"이라며 관심을 촉구했다.

김성은 씨는 가족중의 한 사람이 많은 피가 요구되는 상황을 겪으면서 헌혈의 중요성을 깨닫게 되었다. 그 후 캐나다헌혈협회의 자원봉사자로 꾸준히 활동해오면서 2년 전부터 독자적으로 헌혈 캠페인을 벌여왔다.

헌혈 장소: Bill Copeland Sports Complex(주소: 3676 Kensington Ave., Burnaby)

문의: 한인회(604-255-3739), 웹사이트 www.vancouverkoreans.ca, 김성은(604-733-5656)

'한국일보가 10월6일부터 매주 '수·금·토'에 발행합니다.'

"더욱 신속하고 알찬 정보로 독자들께 기쁨과 만족을 드리겠습니다"

음을 느낄 수 있었다. 더불어 공동체 속에서 함께 하는 것의 가치를 삶으로 실천해 내는 힘을 가지고 있는 우리 한인들에 대한 자부심을 더욱 다지는 계기도 되었다.

한인 박람회 개최

2012년 5월 12일에는 한인 박람회를 개최했다. 한인 교포들의 안정적인 정착과 삶의 발전을 위해 각종 분야 전문가들을 강사로 모시고 개인 상담도 하고 여러 가지 교육 프로그램을 무료로 진행했다. 그때 강좌명들을 소개하자면 총영사관 민원 상담, 모기지 솔루션 상담, 은퇴 설계 상담, 금융 상담, 연금법 상담, 취업 지원 상담, 건강 관련 전문의 상담, 유언 및 재산 상속 상담, 생활 영어 회화 교육, 유아 교육, 부모 자녀 효과적인 대화법 교육, 컴퓨터 및 IT 교육, 전국 진학 관련 상담, 캐나다 한국 학교의 문화와 제도 등이 있었다.

하나의 건물을 통째로 빌려서 방마다 강좌명을 붙여 놓고 필요한 사람들이 편하게 상담을 받을 수 있도록 했다. 타국에 이민을 와서 혼자는 해결하기 어려웠

대통령 포상 수여 관련 기사 (김두열, 이근백님, 그리고 최연호 총영사님과 함께, 2010년 11월 5일 중앙일보).

2011년 세계한인회장 대회 축하 만찬에서 손학규 민주당 대표와 함께.

던 일이지만 이렇게 한인회를 통해 쉽게 문제를 해결하고 삶의 질이 향상
될 수 있다는 것은 나의 심장을 충분히 뛰게 만들었다.

　그래서 내가 소유하고 있던 건물을 통째로 이 행사를 위해 기꺼이 무상
으로 빌려주었다. 내가 한인회 회장 맡을 시기에 BC주 정부 기관들이 내
건물을 렌트하겠다고 요청이 왔지만 모두 거절하고 한인회 행사를 위해
사용했다. 그때 렌트를 해주었다면 매년 30만 달러 정도의 수입이 있었을
텐데 나에게는 그것보다 더 가치 있는 일에 내 건물이 사용되는 것이 백
배는 더 기쁜 일이었다. 그리고 그때 나와 함께 사시던 어머님이 갑작스레
돌아가셔서 어머님의 장례를 치른 지 일주일밖에 안 됐던 때라서 행사를
진행하는 게 무리가 되기도 했다. 그래서 행사를 취소하자는 권유도 있었
지만 취소하지 않고 그대로 강행했던 것도 그 가치가 내게 너무나 소중한
것이었기 때문이었다. 우리 한인 교포들을 위한 일은 이토록 내가 깊이 몰
두했고 나의 온 열정을 쏟아부은 일이었다.

3. 공동체의 구심점, 리더를 세우는 일

2012년 이화여대 총동창회 북미주지회연합회 회장으로 선출된 후 10월
에는 밴쿠버에서 북미주지회 회장단들과 동문들, 이화여대 총장님과 사
무처장님 등 300여 명이 모이는 큰 행사를 진행했다. 3박 4일 동안 여행
하고 한자리에 모여서 장기자랑도 하고 회보를 통해 동창들의 소식도 나
누며 1년 만에 만난 회포를 푸는 자리였다.

세계 각지에 사는 이화여대 동문들에게 보낼 회보도 만들어야 하고 많
은 인원이 참석하는 행사도 준비해야 해서 여러모로 어려운 점이 많았지
만, 인쇄소를 경영하는 배은영 동문을 비롯한 여러 동문의 헌신적인 봉사
덕분에 성공적으로 마무리할 수 있었다. 정말 감사한 일이다. 이것이 시발
점이 되어 동문들이 세계 각지에서 서로를 도울 수 있고 커뮤니티를 형성
할 수 있으니 보람을 크게 느낄 수 있었다.

밴쿠버 동문들은 당시에 유행했던 강남스타일 노래에 맞춰 춤을 추고

내 오른쪽이 김선욱 이화여대 총장님.

샌프란시스코 동문들은 연극 공연을 준비해 오는 등 각 지역의 동문들이 다양한 장기자랑을 선보였다. 마지막 날 밤에는 다 같이 촛불을 들고 애국가와 교가를 부르는데, 모두 눈물을 감출 수 없는 감동적인 순간이었다.

이렇게 진하게 모인 후에는 서로에 대한 애정도 깊어져서 한국의 이화여대 행사뿐만 아니라 세계 각지 어디에서도 도움이 필요할 때면 달려가고, 이민 생활에서 서로서로 울타리가 되어줌으로써 세계 각지의 한인사회가 안정적으로 성장해 가는 원동력이 되는 행사였다고 생각한다.

　점점 성장해 가는 한인사회가 목소리를 내기 위해서는 한국인이 캐나다 정치계에 진출하는 것이 필요해 보였다. 그래서 1990년대부터 한인사회를 위해 정치계에서 일할 만한 사람을 찾아 후원하는 일을 해오고 있다. 그중 연아 마틴(Yonah Martin, 한국 이름 김연아) 상원의원을 추천했던 일이 가장 의미 있었던 일이라고 생각한다.

　당시 하퍼(Harper) 수상이 텐젠 수석보좌관을 통해 나에게 하원 의원 선거에 나올 것을 권했다. 나는 정중히 사양하고 연아 마틴 씨를 추천했다. 연아 마틴 씨는 당시 밴팅 주니어 하이스쿨에서 영어 교사를 하고 있었는데, 사람 됨됨이가 바르고 착한 데다 의지가 굳고 매사에 성실했다. 그리고 연합 교회에 다니면서 교회 봉사도 열심히 하는 사람이었기 때문에 적임자라고 생각했다. 그래서 선거 기간 동안 함께 가가호호 방문하면서 선거 운동을 열심히 했다. 하지만 아쉽게도 근소한 차이로 낙선했다.

왼쪽에서 두번째가 연아 마틴 상원의원, 맨 왼쪽은 Harry Bloy BC(British Columbia)주 정부 복합문화부 장관(Minister of State for Multiculturalism).

그런데 2년쯤 후에 하퍼 수상이 나와의 약속을 기억하고 연아 마틴 씨를 상원의원으로 발탁했다. 내가 처음 하퍼 수상에게 연아 마틴 씨를 추천할 때 한국 사람을 추천해서 보낼 테니 한인사회를 대표해 봉사할 수 있도록 자리를 만들어 준다고 약속해 달라고 했다. 그 약속을 지켜 준 하퍼 수상께도 매우 고마운 마음이고, 연아 마틴 씨도 상원의원이 되어 일을 현명하고 착실하게 잘 해줘서 정말 자랑스럽다.

연아 마틴 의원은 한인사회를 위해서도 부지런히 일하고 있어서 캐나다 한인사회의 자랑이 되고 있다. 한국에도 이름이 알려져 캐나다와 한국의 교량 역할을 톡톡히 해내고 있다. 특히 7월 27일을 '한국전 참전 용사의 날

하퍼 수상(Stephan Joseph Harper)과 함께 1.

하퍼 수상(Stephan Joseph Harper)과 함께 2.

2011년 경 하퍼 수상, 연아 마틴 상원의원, 최연호 총영사 등과 함께.

2012년 버나비 센트럴 파크에서, 한국전쟁 참전용사비 헌화식.

(Korean War Veteran's Day)'로 제정하는 데 큰 공헌을 했다. 캐나다 한국전 참전 용사들을 기리고 한인사회가 다 같이 모일 수 있는 기념일을 제정한 것이다.

연아 마틴 상원의원 덕분에 수도인 오타와(Ottawa)에서 열리는 각종 행사에 참여할 기회가 많았다. 매년 한인들과 함께 모여 캐나다 정부의 주요 행사에 귀빈으로 초대되어 참석할 수 있다는 것이 고마울 따름이다. 한번은 캐나다 건국 150주년 기념 메달 수여를 위해 행사에 참석했다. 캐나다 정부에서 건국 150주년 기념 메달을 제작해서 나라의 발전을 위해 공헌한 사람들에게 수여하는 행사를 개최했다. 그런 영광스러운 자리에 초청되어 메달까지 받을 수 있는 날이 오다니 참 감격스러웠다. 한인사회를 위해 흘린 땀의 수고에 대한 격려와 위로를 한꺼번에 받는 것 같아서 벅찬 마음으로 새삼 지난날을 돌아볼 기회가 되기도 했다. 더불어 앞으로 우리 한인사회를 위해 해야 할 일은 무엇일까 발전적인 고민도 깊어졌다.

또 다른 한인 정치인으로는 신재경 의원이 있다. 신재경 씨는 내가 한인회장을 하던 때에 처음 만났다. 당시 버나비 시장이었던 데릭 코리건 시장님이 최연호 총영사관님과 나를 초대한 자리에서 시장님의 소개로 만나게 된 것이다. 신재경 씨는 BCIT(British Columbia Institute of Technology)에서 교수로 재직하고 있었다. 활달한 성격으로 캐나다 주요 인사들과의

캐나다 노동, 관광 및 혁신부 소속 다문화 자문위원회 위원 위촉장(2012년 3월 8일).

엘리자베스 여왕 2세 다이아몬드 쥬빌리 메달을 수여하는 증서.

관계를 잘 맺어오고 있었고, 정치에 대한 야망도 컸다. 우리 약국에도 자주 찾아와서 나와 공통 관심사인 명상과 단식에 대해서도 이야기를 나누곤 했다.

그렇게 만남을 이어가다가 신재경 씨가 BC주 의원에 출마할 가능성이 있음을 전해 들었다. 한국인 하원의원이 나오기를 고대하고 있던 차에 그

캐나다 건국 150주년 기념 메달 증서.

쥬빌리 메달 수여자들과 함께(2013년).

소식은 여간 반가운 것이 아니었다. 그래서 발 벗고 나서서 돕기 시작했다. 공천을 받은 후 한인사회에서 기금 마련 모임을 열어 6만 달러를 만들어 주고 홍보와 선거운동도 열심히 했다. 신문마다 투표를 독려하는 글을 실었고, 집집마다 다니면서 선거 운동을 하고, 공천과 개표 등의 자원봉사도 내 일처럼 최선을 다했다.

1990년대에 정치계에 출마했던 백광열 씨는 자유당이고, 연아 마틴 상원의원은 당시 보수당이고, 신재경 씨는 NDP(New Democratic Party: 신민당)이었기 때문에 모든 당을 열심히 지지한다고 속칭 '사쿠라'냐고 한인사회에서 비판의 목소리가 들려오기도 했다. 하지만 나에게는 한국 사람이 당선되는 것이 중요했다. 그래서 사람들에게 말했다. "나는 어느 당이냐가 중요하지 않다. 한인들이 캐나다에서 뿌리를 잘 내리려면 보수당이든 자유당이든 NDP든 한국 사람이 캐나다 정치계의 주요 보직에 진출하는 것이 중요하다. 나는 어느 한 당만 지지할 수 없다. 나는 그저 한인을 위한 한국당이다"라고 답했다. 이후에도 출마한 보수당 소속의 제이 신(Jay Shin) 씨와 넬리 신(Nelly Shin) 씨도 열심히 후원했다.

나의 간절함이 통했는지 신재경 씨가 당선되었다. 그때의 기쁨은 말로 다 할 수 없을 정도다. 신재경 의원이 캐나다에 살고 있는 한인들의 목소리를 대변해줄 때마다 나의 선택이 잘못되지 않았구나 하는 것을 느끼곤 했다. 신재경 의원의 초대를 받아 빅토리아(Victoria)에 있는 주 의회 의사당에 방문할 기회도 종종 있었다. 의사당 투어도 하고 각종 행사에도 참석하면서 신재경 의원을 마치 성공한 막냇동생을 보는 듯이 흐뭇했다. 앞으로도 신재경 의원이 한인들을 위한 정치를 잘해나가기를 기대하는 마음으로 아낌없이 후원을 이어갔다.

Eunice
OH

Coquitlam, B.C.

Eunice Oh is a tireless community leader. She is the
long-standing chair of the Vancouver Korean Canadian
Scholarship Foundation, which has awarded nearly $1 million
in scholarships to post-secondary students since 1999.
She is also the founding chair of the Rose of Sharon Foundation
which provides relief funding for places devastated by
natural disasters in Canada and the world. Also a generous
philanthropist, she recently donated $1 million to New Vista
Society for the creation of a new long-term care centre
in Burnaby, B.C.

Coquitlam, C.-B.

Eunice Oh est une leader communautaire infatigable.
Elle préside depuis longtemps la Vancouver Korean Canadian
Scholarship Foundation, une organisation qui a remis près d'un
million de dollars en bourses d'études à des étudiants de niveau
postsecondaire depuis 1999. De plus, elle est la présidente
fondatrice de la Rose of Sharon Foundation, qui fournit de
l'aide financière à des endroits qui ont été dévastés par des
catastrophes naturelles au Canada et ailleurs dans le monde.
Mécène généreuse, elle a récemment donné un million de
dollars à l'organisation New Vista Society pour la création d'un
établissement de soins de longue durée à Burnaby,
en Colombie-Britannique.

쥬빌리 메달 수상자 공적조서 중 해당 내용.

오타와(Ottawa)주에서 열린 캐나다 건국 150주년 기념 행사.

트뤼도(Justin Pierre James Trudeau)
캐나다 총리와 함께.

　또 내가 후원했던 사람 중 스티브 김(Steve Kim) 씨는 코퀴틀람 시의원
에 당선되었고, 박가영 씨는 포트무디(Port Moody)시의 교육위원에 당선
되었다. 이들이 공천받을 수 있도록 선거 자금을 후원하는 것뿐만 아니라
투표권자들을 한 명 한 명 찾아가 인사하고 전단지를 돌렸다. 그리고 선거
자원봉사자들 밥도 해주고 밤늦은 시간까지 개표 참관을 하며 노력을 많
이 했다. 선거에서 당선되었을 때는 그간의 고생이 헛되지 않아 위로받았
고, 모두 함께 얼싸안고 기쁨과 축하를 나눴다. 당선되어서도 첫 마음 그

대로 캐나다와 한인사회를 위해 성실하게 봉사하는 모습을 보며 보람이 컸다. 이들이 착하고 성실하게 일해온 것을 많은 사람이 인정했는지 다음 선거에서도 당선이 되었다.

스티브 킴 의원은 캐나다뿐만 아니라 한인사회에 좋은 일을 많이 했다. 특히 비영리단체인 한인차세대그룹(C3) 회장으로 오랫동안 봉사했다. C3에서는 '한인 문화의 날', 한인 어린이를 대상으로 하는 '캠프 코리아', 한인 청년들을 대상으로 하는 '리더십 컨퍼런스' 등을 매해 개최하여 한인들의 캐나다 이민 생활 적응을 돕는 일을 했다. 이 일은 연아 마틴 의원이 처음 시작했고, 스티브 킴 의원이 이어서 봉사하다가 시의원이 되면서는 후원자로 활동하고 있다. 나도 한인사회를 위한 일이기 때문에 해마다 천 달러씩 후원하고 있다. 이런 활동이 바탕이 되어 스티브 킴 의원이 시의원이 되어서도 한인사회를 위한 일들을 더욱 발전시켜 나갈 수 있었으리라 생각한다.

마음을 다해 후원했던 사람들이 정치계의 주요 보직에 나가 한국인의 자랑이 되고 한인사회의 울타리가 되어주는 모습을 보는 것은 나에게 매우 큰 기쁨이다. 앞으로도 세계를 이끌어갈 한국인 리더가 정치계를 비롯하여 여러 방면에서 많이 나올 수 있도록 든든한 후원자로서의 자리를 다짐해 본다.

4. 씨앗이 품고 있는 세계, 나는 싹을 틔워 주고 싶었을 뿐

밴쿠버한인장학재단

2002년에 장학재단 이사장 일을 시작했다. 기존 한인회에서 장학사업을 시작하여 한인장학재단으로 독립한 후 재단이사회에서 2002년 1월부터 나를 이사장으로 선출했다. 다음 세대를 키우는 일은 내 심장을 뛰게 하는 일이었기에 이사장직을 수락했다. 내가 45세부터 55세까지 경제적 기반을 잡은 후 55세부터 이 일을 시작했으니까 딱 20년 전이다. 나는 무언가를 시작하면 거기에 완전히 몰입해서 열심히 하곤 하는데, 장학재단 일도 그렇게 애정을 쏟았다.

장학재단은 밴쿠버 한인사회뿐 아니라 캐나다 미래 사회의 지도자로서 헌신할 인재들을 발굴하여 장학금을 수여하는 것이 설립 목적이다. 학생들이 마음껏 꿈을 실현하고 재능을 개발할 수 있도록 경제적, 사회적으로 도움을 주고 싶었다. 그리고 이들이 네트워크를 형성하여 든든한 공동체를 만들 수 있도록 기반이 되어 주고 싶었다. 장학재단을 거쳐 간 학생들이 전 세계, 다양한 삶의 자리에서 자신이 속한 사회의 발전을 위해서 모범적 지도자로 살아가게 되기를 간절히 소망한다.

장학재단을 운영해 나가는 데는 기금을 마련하는 일이 매우 중요하기 때문에 처음 장학재단을 맡았을 때 이것을 가장 염두에 두었다. 또한 우리 장학재단이 최대한 많은 한인 학생들에게 최대한 넉넉하게 장학금을 주겠다는 목표를 세웠다. 장학금을 조성하기 위해 후원하는 각 대학 동문회 장학금, 사업체 장학금, 개인 장학금 명칭을 붙여서 후원금 전액을 수여식에서 각 장학생에게 1,000달러 이상씩 직접 수여하도록 했다. 내가 이사장직을 맡는 동안에는 후원금 전액을 학생들에게 수여하고 일반 비용은 내 개인이 부담했다. 내가 시작하던 때만 해도 7명 정도의 학생에게 300달러씩 장학금을 주는 정도였는데, 2018년까지 총 759명에게 1,045,500달러를 수여하고 적립한 액수가 30만 달러였다.

조영남 콘서트 개최

장학재단을 운영하면서 기억에 남는 일은 가수 조영남 씨의 콘서트 개최로, 기금 마련을 위해 도전했던 일이다. 당시에 남편과 인연이 닿아 있던 조영남 씨에게 자선 콘서트를 부탁했다. 조영남 씨가 남편의 책을 읽고 그 덕분에 영혼의 자유를 얻을 수 있었다며 남편과 교류가 있었던 터였다. 그래서 감사하게도 나의 뜻에 공감하고 콘서트에도 선뜻 응해 주었다. 자기 생애 처음으로 출연료를 받지 않고 콘서트를 하는 거라고 했다.

그렇게 초대를 한 후 밴쿠버에서 가장 큰 콘서트홀이 있는 3,200석 규모의 퀸 엘리자베스 극장(Queen Elizabeth

Theater)을 빌렸다. 지금은 한인사회 규모가 10만 명 정도지만, 당시는 2만 명 정도밖에 되지 않았다. 주현미 씨가 공연하면 700석 정도 채우던 때였다. 지금 생각하면 무모한 도전이었다. 그런데 당시에는 무슨 자신감이었는지 가장 크고 멋지게 해낼 수 있을 것 같았다. 한인 교회마다 찾아다니며 티켓을 100장씩 주면서 팔아 달라고 부탁도 하고, 한인사회 교민들에게 티켓을 막 들이밀기도 했었다.

콘서트를 준비하는 동안 어느 한순간도 순탄하지 않았다. 그때 우리 남편이 『예수는 없다』라는 제목의 책으로 유명해져 있었는데, 남편을 오해해 티켓을 팔지 않겠다고 하는 교회도 있었고, 내가 쇼 비즈니스에 대해서는 문외한이어서 음향 기기 준비에도 애를 먹었다. 무엇보다 콘서트 날까지 며칠 안 남았는데 1,500장밖에 못 팔아서 마음을 졸여야 했다. 게다가 조영남 악단의 단원 한 명이 공항의 입국심사원과 소통이 안 되어 가짜 비즈니스 관련 사건에 휘말리게 되면서 공항에 붙잡혀 있기까지 했다.

문제를 해결하느라 공항으로 영사관으로 이리저리 뛰어다니고, 마지막까지 표를 파느라고 진땀을 흘렸던 순간들이 지금도 생생히 떠오른다. 천운이었는지 콘서트 전날에 있었던 2002년 한일월드컵 4강전에서 한국이 극적인 승리를 거두었다. 4강에 진출했다는 기쁨의 감격이 한인들을 뭉치게 하는 효과를 내었다. 그 많은 좌석을 가득 채워서는 한마음 한뜻으로 노래를 부르고 서로 부둥켜안고 울며 감동의 시간을 보냈다! 정말 뭐라 말로 다 형언하기 힘든 광경이었다.

콘서트가 성황리에 끝나서 그 후로 여기저기서 이미자 씨를 불러 달라, 유명 연예인 누구를 불러 달라며 자꾸 요청이 들어올 정도였다. 그리고 콘서트와 더불어 진행했던 조영남과 함께 하는 크루즈 행사에서도 일인당 참가비가 200달러였는데도 참가자가 많았다. 콘서트와 크루즈 행사를 통해 총 6만 달러의 장학금 기금이 모였다.

이렇게 좋은 결과를 얻기까지 돕는 손길이 많았다. 앞좌석 표를 통 크게 모두 사주셨던 김영일 이사님, 공항에서 못 나오고 있던 악단들이 나올 수 있게 도와주셨던 총영사관 직원분들, 그리고 콘서트 장을 가득 채워 주었던 우리 한국 교민들 모두 얼마나 감사하던지…. 지금도 그 고마움을 생각하면 눈물이 나려 한다. 그 모두의 힘이 모여서 우리 장학재단이 많은 한인 학생들에게 꿈과 희망을 선사했다고 생각한다.

캐나다 주류 사회와의 교류

또 기억에 남는 일은 '장학의 밤'을 준비하던 과정인데, 이 행사는 장학금 수여식의 의미도 있지만 우리 밴쿠버 한인사회의 좋은 이미지를 이곳의 주류 사회에 알리기 위한 행사이기도 했다. 대화를 나누는 사이가 되는 것이 얼마나 중요한지 알고 있었기 때문에 우리 한국 학생들을 비롯한 한인들이 캐나다 주류 사회 인사들과 만날 수 있는 기회를 제공하고 싶었다. 그래서 한인 교민들과 캐나다 정부 및 BC주 장관 및 국회의원 등 정

장학의 밤 환영사.

관계 인사들, 다른 이민사회 대표들을 초대하여 화려한 행사를 해마다 개최했다. 당시만 해도 캐나다에 있는 한국 사람들이 드레스업하고 모이는 기회가 없어서 그런 자리를 만들어 주고 싶기도 했다.

먼저 버나비 힐튼 호텔에 500석 자리를 빌려 놓고 캐나다 주류 사회의 인사들을 접촉하기 시작했다. 이 사람들과 우리 학생들이 함께 만나서 잘 융합하고 교류할 수 있기를 바라며 할 수 있는 한 많은 사람을 초대했다.

외국인 200명, 한국인 300명을 초대해서 500석 자리를 꽉 채웠다.

처음 시도하는 일이었기 때문에 준비해야 할 게 어마어마했다. 프로그램을 새로 만드는 일, 장학생들의 소감문을 한 사람 한 사람 다 받아 책자도 만들고 공연도 준비하는 등 챙겨야 할 것이 많았다. 프로그램뿐만 아

니라 참석자 명찰을 하나하나 만들고 테이블마다 서로 이야기할 수 있는 연결고리가 있는 사람들로 앉을 수 있도록 자리를 배치하는 일까지 신경을 써야 했다. 일 년을 준비해도 시간이 부족할 정도였다. 행사를 앞두고 한 달 정도는 거의 잠도 못 자고 밥도 잘 못 먹고 돌아다녀야 했다.

자리를 배치할 때 사람들의 요구 사항도 들어줘야 하고 행사 직전까지 참석자가 바뀌기도 하고 행사 당일에 좌석을 바꾸고 싶어 하는 사람들도 있어 한순간도 마음을 놓을 수가 없었다. 하지만 참석한 사람들 모두 기쁘고 편안한 마음으로 행사에 참석하기를 바라는 마음에 한 사람 한 사람 모두 세심하게 신경을 썼다. 그중에서도 가장 신경 썼던 부분은 장학생들의 자리 배치였는데, 학생들이 귀빈들과 자연스럽게 대화할 수 있도록 자리를 배치했다. 우리가 초청했던 사람들이 정치가, 한인사회 지도자, 단

체장 등 다양한 분야의 지도자들이니 자연스레 우리 학생들의 멘토가 되어주기를 기대하는 마음이었다. 그리고 귀빈들은 이러한 우리의 뜻을 같은 마음으로 후원해 주시는 소중한 분들이므로 시간이 많이 걸리더라도 정성껏 소개해 드렸다.

이 일로 우리 장학생들과 한인들이 캐나다 주류 사회에서 잘 뿌리내리고 공동체 안에서 영향력을 발휘할 수 있도록 바탕이 되는 네트워크를 형성할 수 있어서 가슴이 벅차도록 보람이 있었다. 쉬는 날도 없이 나의 모든 것을 쏟아부었던 일이라 나 자신에게도 큰 가치가 있었다. 이 행사를 계기로 꾸준히 발전해서 기부를 위한 경매도 하게 되고 자발적 기부의 규모도 커지면서 외국처럼 기부가 당연시되는 문화가 정착이 되었으면 좋겠다는 소망도 품게 되었다.

2002년, 2003년 2년간 이 행사를 하고 나니 녹초가 된 데다 내가 개인 장학재단으로 만들려 한다는 말도 나오고 해서 이근백 이사님께 이사장직을 부탁했다. 이분이 2004년에 이사장직을 맡아서 수고해 주셨다가 2005년에는 내가 다시 이사장직을 맡게 되었다. 그 후 UBC 김효신 교수님(2009~2011)과 허남린 교수님(2012~2013)이 이사장직을 맡아 주셨고, 내가 다시 이사장직을 맡아 2018년까지 일했다. 그리고 2019~2020년에는 김지훈 변호사가, 2021년부터는 김범석 약사가 현재까지 이사장직을 맡아 아주 열심히 봉사하고 있다. 나는 현재 이사직으로 뒤에서 도와주고 있다.

많이 힘들었음에도 불구하고, 다시 과거로 돌아간다고 해도 나는 이 일을 맡을 것이다. 이 일이야말로 내가 신의 도구로서 해야 할 사명이기 때문이다. 내게 있는 것들은 모두 신께서 나에게 맡기신 것이니 신의 뜻대로 써야 한다고 생각한다. 더불어 장학금을 받은 학생들이 멋지게 성장하는 모습을 보는 것도 나에게 무척 큰 보람을 느끼게 한다. 다음 세대가 건강하게 성장할 수 있도록 비옥한 땅이 되어 주고 싶다는 소망이 나에게 이 일을 해 나가는 원동력이 되었던 것 같다.

5. 우리 동포의 어려움, 우리가 도와야 한다!

탈북자 북송 반대 운동

탈북 난민들이 중국 정부에 의해 강제로 북송되고 있다는 기사를 처음 봤을 때 심장이 쿵 하고 내려앉는 것 같았다. 탈북민들이 북한에 보내지면 수감과 고문, 강제노역 등 반인권적인 상황에 처해지게 된다고 들었기 때문이다. 그러던 중 2012년에 장춘에서 잡힌 북한 난민 사건이 계기가 되어 강제 북송 반대 운동을 시작하게 되었다.

한인회의 주도로 밴쿠버에 있는 한인들이 모두 한마음이 되어 비가 쏟아지고 무척 추운 날이었는데도 불구하고 300명 이상의 한인들이 남녀노소를 막론하고 중국대사관 앞에 모여 북송 반대를 외쳤다. 그리고 한인타운을 시작으로 다운타운에서도 북송 반대 서명을 받았다. 한인회가 주

탈북자 북송 반대 시위, 밴쿠버 중국대사관 앞.

도했던 이 서명운동에는 캐나다 현지인들까지도 적극적으로 참여하여, 한 달 반 만에 1만인 서명을 받을 수 있었다. 이 운동은 나 혼자의 힘으로 한 것이 아니라 밴쿠버 한인회에서 주동해서 재향군인회, 6 · 25 참전용사회, 실업인협회, 평화통일자문 위원회, 각 종교단체가 함께했기에 가능한 일이었다. 개인의 목소리는 작지만, 한인들 한 명 한 명이 모여서 모두 함께 한목소리를 낸다면 캐나다 정부뿐만 아니라 세계 모든 나라가 주목할 수 있는 전달력이 생기리라 생각했다. 그것이 정의와 평화를 위한 것이기에 이 화합은 더욱 큰 의미가 있었다.

이렇게 한인사회의 의견을 한뜻으로 담은 성명서를 연아 마틴 상원의원을 통하여 하퍼 수상에게 보내어 케니 이민 장관과 이 문제를 공식적으로 의논할 수 있는 자리가 성사되기도 했다. 그리고 1만인 서명을 유엔에 보내 국제사회가 탈북 난민 문제를 인지하고 개입할 수 있도록 노력했다. 세계 모든 나라에서 탈북 난민에 대해 관심을 가지고 이들을 우호적으로 수용할 수 있기를 바라는 마음이었다.

그리고 시카고에서 열린 제12회 노벨평화상 수상자 월드서밋(World Summit of Nobel Peace Laureates: WSNPL)에 참석했다. WSNPL은 노벨평화상 수상자와 관계자 1천여 명이 한자리에 모여 세계평화를 논의하는 대규모 국제회의이다. 나는 세계평화재단과의 인연 덕분에 2010년에 히로시마에서 열린 월드서밋을 시작으로 몇 차례 참석했다. WSNPL은 비폭력 및 전쟁 금지, 사회 경제 정의, 법의 규칙, 환경 및 지속 가능한 발전 등에 대한 논의가 활발히 이루어지는 장이어서 나도 세계 곳곳에서 일어나는 일들에 마음을 열게 되었다. 특히 메어리드 코리건 맥과이어, 시린 에바디, 조디 윌리엄스와 가까이하며 대화했는데 이들의 삶은 나에게 중요한 영감을 주었다. 국제사회가 북한 문제에 귀 기울여 주었듯이 우리도 국제사회를 위해 더 많은 일을 해야겠다고 생각했다.

시카고에서 열린 WSNPL에는 한국인임을 알리기 위해 한복을 입고 회의에 참석했고, 북한 난민 문제에 대해 공감을 얻어내기 위해 참석자들을 개별적으로 만나 대화했다. 나의 진심이 통했는지 노벨평화상 수상자들도 이 운동에 적극적으로 동참해 주어 레흐 바웬사 전 폴란드 대통령을 포함해 190명이 서명에 동참해줬다. 참가자들과 대화하면서 북한에 대한 깊은 관심과 애정을 느낄 수 있었다. 전 세계가 북한에 관심을 가지고 있다는 것에 마음이 뭉클해졌고, 북한이 하루빨리 인권 문제가 없는 평화로운 나라가 되기를 바라는 마음도 커졌다. 그 자리에서 지미 카터 전 미국 대통령과 WSNPL을 창설한 고르바초프 전 소련 대통령, 내가 오랫동안 만나고 싶었던 달라이 라마, 영화배우 숀 펜 등을 만나면서 한 인간의 삶이

얼마나 많은 사람에게 영향력이 있는지를 실감할 수 있었다.

올해(2022년)는 월드 서밋이 평창에서 열린다고 한다. 전쟁과 분단의 아픔을 지닌 남한과 북한이 대화를 통해 통일을 이루고 한반도와 동북아 지역에 평화의 초석이 놓이는 계기가 되기를 기대해 본다. 특히 북한 사람들의 인권이 소중히 지켜지기를 간절히 기도하며 그날이 올 때까지 국제사회에 알리고 행동하는 일을 지속하고 싶다. 달라이 라마의 가르침처럼 사랑, 연민, 용서, 평화의 가치를 중요하게 여기고, 세계 모든 사람이 평화롭게 살아가는 그날까지 사람을 사랑하는 일을 가장 최우선으로 하고 싶다.

북한 어린이 돕기

북한 어린이 돕기 활동은 퍼스트 스텝스(First Steps)라는 비영리 봉사 단체에 이사로 참여하면서 시작하였다. 이 단체는 수잔 리치(Susan Rich) 씨를 중심으로 나를 포함해 세 명의 이사진이 밴쿠버에서 시작했는데, 주로 북한에 있는 기아 상태의 아이들을 돕는 일을 했다. 북한 아이들에게

두유를 먹이기 위해서 콩과 두유 만드는 기계 그리고 임산부 영양제를 북한에 보내는 일을 했다.

수잔 리치는 북한 어린이 돕기 활동의 구심점이 되어 준 사람이다. 캐나다와 북한 수뇌부들의 회동에서 통역 일을 하던 사람이라 북한의 고위 관직자들도 많이 알고 있었기 때문에 북한에 가는 일에 도움이 많이 되었다. 그리고 한국 선교사로 파송된 부모님을 따라 한국에서 자랐기 때문에 한국말뿐만 아니라 한국의 정치, 경제, 문화 등을 나보다도 훨씬 잘 알고 있었다. 수잔 리치가 북한을 위해 헌신하는 모습을 곁에서 지켜보며 나는 이 사람이야말로 노벨평화상을 받아야 할 사람이라고 생각했다.

퍼스트 스텝스에서는 북한 어린이들이 영양실조에서 벗어날 수 있도록 콩과 두유 만드는 기계를 계속 보내주는 일을 했다. 콩이 다른 목적으로 사용되지 않고 어린이들에게 잘 전달되는지를 확인하기 위해서 일 년에 네 번 북한을 방문하고 있다. 학교와 고아원, 탁아소 등을 방문해서 어린이들의 성장 상태를 확인하고 두유의 배급 상태를 확인하는 일도 하고 있다.

지금은 캐나다와 한국산 콩을 좋은 걸로만 준비해서 보내지만, 처음에는 중국 현지에서 콩을 사서 보냈다. 그런데 중국 사람들이 콩에 모래를 섞어서 무게를 속여서 보내기도 하고 중간에서 콩을 빼돌려 탁아소까지 전달이 되지 않는 등 문제가 많았다. 그래서 수잔 리치가 위험한 일임에도 불구하고 직접 북한에 가서 확인하는 일을 해왔다. 수잔 리치의 북한행에 나도 여러 번 동행했는데, 그때의 경험을 잊을 수가 없다.

2002년에 수잔 리치와 나 그리고 캐나다 사람들 다섯 명 정도가 함께 형제산, 평양, 원산 등 북한의 여러 곳을 돌아다니면서 탁아소의 어린이들을 만나고 왔다. 일반 사람들은 평양만 가 볼 수 있었던 것에 비하면 특별한 방문이었다. 하지만 북한에 들어가는 것은 처음부터 쉽지 않았다. 일단 중국에 가서 북한 비자를 내주기를 기다려야 했기 때문이다. 중국에서 비자를 내주지 않으면 그냥 한국으로 돌아가야 하는 상황이었기 때문에 마음을 졸일 수밖에 없었다. 기다리는 동안 나는 중국 시장에 가서 북한 사람들에게 줄 스웨터 등을 사면서 조마조마한 마음을 달래기도 했다.

우여곡절 끝에 비자를 받아서 북한행 비행기에 올랐다. 그 비행기에는 북한을 이모저모로 돕기 위해 가는 사람들이 타고 있었다. 다양한 국적의 사람들이 위험을 무릅쓰고 북한으로 가는 모습에 가슴이 뭉클했다. 그리고 같은 동포로서 책임감이 더욱 크게 느껴지기도 했다. 공항에서 여권과 핸드폰을 모두 압수해서 순간적으로 겁도 났지만, 함께 비행기에 탔던 그분들의 순수한 용기와 사랑을 가까이서 목도하며 용기를 낼 수 있었다.

순안 국제 비행장에 처음 도착했을 때는 눈물이 났다. 말로만 듣던 북한 땅을 밟을 수 있게 된 감격과 더불어 2002년인데도 발전이 멈춘 듯 남한의 1950년대와 같은 모습에 슬픔도 밀려왔기 때문이다. 이런 낙후된 시설 때문에 웃지 못할 상황도 있었다. 공항에 도착하자마자 수잔 리치가 재래식 화장실을 사용해 본 적 없는 캐나다 사람들에게 화장실 사용법을 알려주고 있었다. 수잔 리치는 사람들이 당황하지 않게 구체적으로 알려주느라 몸소 시범까지 보였다. 그런 수잔 리치의 친절함 덕분에 모두 재래식 화장실을 어려움 없이 사용할 수 있게 되기도 했다.

순안 비행장을 나온 후 평양의 한 호텔로 이동했다. 호텔 주변의 민가에는 전기가 없어서 저녁에는 손전등이 없으면 다니기 힘들 정도였다. 그런데 바로 옆에 있는 골프장에서는 골프 연습을 할 때 골프공을 대동강으로 치는 호화로운 곳이라고 했다. 또 저녁을 먹었던 식당도 구절판 등 갖

가지 고급 음식을 팔고 있었고, 가격도 캐나다와 비슷한 수준이었다. 기아에 허덕이는 사람들이 즐비한 나라인데 이렇게 사치스러운 시설이 있고 극히 일부의 부유층만이 이런 생활을 누린다는 것에 마음이 편치 않았다. 개인이 누리는 부는 사회 구조나 선천적으로 부여된 지위 등의 영향을 받는다. 그래서 국가적 차원에서의 복지 수준도 높여야 하고 부의 선순환을 만들어내야 한다. 북한도 가난한 사람들을 국가가 책임질 수 있는 날이 어서 도래하기를 마음 모아 기도했다.

북한에서는 항상 안내원이 따라다녔는데, 새벽에는 잠시나마 조용히 혼자 돌아다닐 수 있는 시간이 있었다. 나는 미리 준비해왔던 스웨터를 가지고 나와 어려워 보이는 사람들에게 나눠주려 했다. 그런데 이상하게도 눈치를 보면서 받지 않는 것이었다. 매우 필요해 보였는데 거절하는 모습에 당황스러웠다. 나중에 알고 보니 북한 당국의 지시로 인해 사람들이 짝을 지어 다니면서 서로 감시하고 있었다. 이웃 간의 정을 나누는 삶마저도 철저히 통제당하는 모습에 슬픔이 밀려왔다. 개인적 삶과 자유를 존중하지 않는 국가에서 진정한 행복을 누리는 것은 불가능해 보였다. 고발당할까 봐 내가 주는 물건을 받지 않았다는 것을 알고부터는 혼자 있는 사람에게 다가가 조용히 스웨터를 건네주었다. 무척 고마워하는 모습들을 보고 겨우 안도의 한숨을 쉴 수 있었다. 지금도 그때 중국 시장에서 산 스웨터를 하나 가지고 있는데, 이 옷을 입을 때마다 북한에서의 일이 생각나곤 한다.

북한에서 구입한 작은 밴(Van)을 타고 평양을 벗어나 형제산으로 갔다. 여기는 전기도 없고 수도도 없어서 물을 길어다 먹는 낙후된 곳이었다. 그 지역에 있는 탁아소로 갔다. 열 살의 나이에 키가 1미터도 안 되는 아이들이 기아에 힘들어하며 살고 있었다. 그나마 기력이 있는 아이들은 돌아다니기도 했지만, 그마저도 안 되는 아이들은 지하실에 누워서 일어나지도 못하고 있었다. 그 모습을 보고 있자니 마음이 쿵 하고 무너지며 눈물만 났다. 그렇게까지 어렵게 살고 있으리라고는 전혀 생각하지 못했기 때문이다. 한창 뛰어놀 아이들인데 일어나 앉아 있을 기운마저 없다니…. 우리 민족, 우리 동포, 우리 가족의 배고픔을 목도하니 가슴이 아파 똑바로 쳐다볼 수가 없었다. 이들의 어려움을 어서 빨리 해소해 주고 싶었다.

아픈 마음을 추스르고 아이들이 두유를 먹는 모습을 살폈다. 체중도 일일이 재면서 두유의 배급이 잘 되고 있었는지도 확인했다. 캐나다에서 우리가 전기로 가동하는 두유 기계와 수동 두유 기계를 보냈는데, 여기는 전기가 귀하니 전자제품은 무용지물이고 옥수수 잎을 태워서 두유를 만들 수 있는 수동 기계를 사용해야만 하는 상황이었다. 이렇게 열악한 상황이니 두유가 아이들에게 얼마나 중요한 먹거리가 되었을지 가늠해 볼 수 있었다.

지금 먹는 이 한 모금의 두유가 소중한 생명을 살릴 수 있기를, 더이상 배고픔에 허덕이지 않는 내일이 오기를, 나아가 의식주에 대한 걱정 없이 마음껏 뛰놀며 행복하게 성장할 수 있기를 간절히 기도했다. 그리고 그런 내일을 위해 퍼스트 스텝에서 끝까지 노력할 것을 다짐했다.

그 후에 방문한 원산에서는 울창한 소나무와 푸른 바다가 무척 인상적이었다. 그곳에 있던 호화로운 현대식 건물은 고위직 자녀들의 교육 리조트로 사용한다는 말을 듣고 그 건물을 리조트로 운영해서 외화를 버는 데 사용하면 북한 사람들의 생활고를 줄일 수 있지 않을까 하는 생각에 안내원에게 조언도 해보았다. 이곳을 외국 사람들이 많이 방문할 수 있도록 관광단지를 조성하면 경제 발전에 도움이 될 수 있지 않을까 생각했다. 북한이 하루빨리 가난에서 벗어나기를 바라는 마음으로 외부의 원조 없이 자력으로 발전할 수 있는 경제구조를 만들 방법에 대해 생각이 깊어졌다.

김일성 주석의 시신이 안치되어 있는 금수산 태양궁전도 방문했는데, 에스컬레이터 시설도 갖춰져 있었고 건물도 정말 화려했다. 여자들은 모두 한복 차림으로 내내 울면서 참배하고 있었다. 북한 사람들은 모두 신을 섬기듯이 절을 하며 참배하는데 수잔 리치는 고개를 숙이지 않고 서 있기만 했다. 우리도 절을 하지 않고 그냥 서 있었다. 수잔 리치가 북한에서 특별한 대우를 받고 있었기 때문에 가능한 일이기도 했겠지만, 강압적인 분위기에서도 자신의 소신을 지켜 당당한 자세를 지키던 수잔 리치의 모습은 우리에게 깊은 인상을 남겼다. 더불어 사상에 세뇌되어 자신의 사고와 행동에 대한 비판의식이 없어진 북한 사람들에 대한 연민이 생겼다.

묘향산에서는 김일성 주석이 각국 나라에서 받은 선물들을 진열해 놓고 관람할 수 있는 건물이 있었는데, 모든 선물에는 어느 나라의 누가 준 선물인지 적혀 있었다. 대한민국의 대통령이 준 선물도 비치되어 있었다. 관람하고 난 뒤 밖에 나와서 공원에 돗자리를 깔고 식사하는데 안내원들이 여름 양복을 입고 추워서 덜덜 떠는 것이 보였다. 호화로운 김일성 일가의 삶을 보고 나온 직후라 그런지 연민의 마음이 더 크게 느껴졌다. 그래서 내가 입었던 외투를 안내원에게 주었다. 그 안내원은 나의 작은 호의에도 크게 감동하고 떠나는 날까지 따라다니면서 고마워했다. 며칠 간이나마 정이 들고 나니 마음을 터놓고 대하는 모습을 보면서 우리는 같은 민족이구나 하는 실감이 났다.

북한에 있는 내내 내가 마음이 쓰이는 일이 하나 있었다. 바로 약을 전달했던 일이었는데, 북한에서 구하기 어려운 항생제와 진통제들을 캐나다 제약회사에서 샘플 후원을 받아 가져갔던 것이다. 내가 공항에 도착하자마자 캐나다에서 가져온 약들을 북한 안내원에게 주며 치료에 잘 쓰일 수 있는 곳에 전달해 줄 것을 부탁했다. 그런데 북한 방문 내내 약에 대해 아무런 언급이 없어서 '내가 괜한 일을 한 것인가?', '일이 잘못되어 북한에 억류되면 어쩌지?' 하며 마음을 졸이고 있었다. 그런데 마지막 날 밤에 안내원들과 환송회를 하는 중에 한 안내원이 울면서 나에게 이 약들로 수백 명을 살릴 수 있었다면서 고마운 마음을 전해왔다. 이들도 조심스러워서 말을 못 하다가 떠나기 전날 밤에야 술의 힘을 빌려 용기를 냈던 것이다. 비로소 마음이 놓였다. 원래 의도한 대로 약이 쓰였다니 어찌나 다행인지…. 약사인 내가 약으로 북한 사람들을 도울 수 있다는 것에서도 큰 기쁨이 있었다. 그 후에도 북한을 방문하는 사람들을 통해서 약을 보내고 있다. 앞으로는 약을 북한에 보내는 길이 더욱 자유로워지기를 기대해 본다.

이렇게 가슴 뭉클했던 북한에서의 일들을 기록하고 싶어서 사진을 열심히 찍었지만 거의 모두 삭제되어 아쉬운 마음을 가득 안고 돌아올 수밖에 없었다. 그래도 내가 좋아하는 냉면을 대동강변에서 먹었던 감격의 순간을 아직도 잊지 못한다. 그때의 경험이 있었기에 북한을 돕기 위한 일들에도 꾸준히 마음을 쏟을 수 있었다. 특히 할아버지의 고향이기에 나에게는 더욱 특별한 기억이 되었다. 할아버지께서도 하늘에서 나를 보며 당신이 고향에 방문하신 듯이 기뻐하고 계시리라 생각한다. 곧 남한과 북한이 편안하게 오가며 헤어진 가족들도 모두 얼싸안을 기쁜 날이 오기를 고대하고 또 고대한다.

고도를 기다리며*

배은영
(이화여자대학교 기독교학과 90학번,
이화여대 북미총동창회 밴쿠버지회)

마흔을 넘긴 어느 날 사무엘 베게트의 〈고도를 기다리며〉라는 작품이 자꾸만 머리에 떠올랐다. 그래서 책장에서 먼지가 가득 쌓인 그 책을 꺼내 뒤적이기 시작했다.

> 긴 기다림 끝에도 고도는 끝내 나타나지 않는다.
> 안타까움이 가슴을 까맣게 태우도록 끝내 고도는 나타나지 않는다.
> 그러던 어느 날 나는 마치 고도처럼 다가오는 한 사람을 보게 되었다.

그건 이화여대 동문이신 강(오)유순 선배님이었다.
강(오)유순 선배님과의 인연의 시작은 기억을 거슬러 올라가 보면 아마도 2002년이었던 것 같다. 한인장학재단이라는 비영리 교민단체에서 담당 스텝이 내가 경영하는 디자인 및 프린팅 회사로 급한 인쇄물을 주문하려

---

* 지난 30여 년 동안 한결같은 정성과 뛰어난 역량으로 자근거리에서 나를 도왔던 배은영 동문이 이화여대 총동창회 북미주지회연합회보(2012)에 기고한 글이다.

고 찾아왔다. 그 당시 소규모였던 장학재단의 이사장직을 강(오)유순 선배님이 맡게 되었다. 인쇄물 작업을 하면서 장학재단과 인연을 맺고 그 후부터 장학재단의 성장 과정을 옆에서 지켜보게 되었다.

내가 회사를 시작할 무렵에는 인쇄물 디자인과 프린팅을 함께 하는 회사가 거의 없었기 때문에 밴쿠버에 있는 주요 한인 단체의 홍보물이나 행사 관련 인쇄물은 나의 회사에서 맡았다. 그 덕분에 나는 각종 한인 단체의 성격과 개요 그리고 연례행사의 진행 과정을 알아 갈 수 있었다.

강(오)유순 선배님께서 장학재단의 이사장직을 맡으신 후부터 장학재단의 연례행사는 명실공히 한인사회 비영리단체의 최대 기금모금 행사로 성장하면서 자리매김하게 되었다. 물론 한인 단체 중에서 장학재단이 가장 혁혁하고 괄목할 만한 성장을 이룬 것은 강(오)유순 선배님의 역할 때문이었다. 그러던 어느 날, 한인 변호사 사무실 이전 행사 자리에서 우연히 선배님을 만나 이야기하다가 한인사회에 여성회를 하나 조직하는 것이 어떠냐 하고 무심코 제안한 것이 계기가 되어 곧 선배님께서 무궁화재단이라는 비영리단체를 창설하시게 되었다.

말 떨어지기가 무섭게 행동에 옮기시고 실행을 하는 것은 정말 타의 추종을 불허하는 오 선배님의 특징인 것 같다. 그 후 오 선배님은 무궁화재단을 통해 한인양로원 및 한인문화센터 건립이라는 비전을 가지고 고심하다가 공식적인 권위를 갖기 위해 밴쿠버 한인회장직을 맡게 되었다.

1993년에 밴쿠버로 이주한 나는 한인회의 초라한 건물을 보고 정말 속상했다. 밴쿠버 교민들은 모두 한인회관을 이렇게 방치할 만큼 모두 가난한 걸까? 그 많은 기독교인은 어디에 있는 것일까?

세월이 흐를수록 더 초라해져만 가는 한인회관을 바라보며 무언가 애타

게 기다리는 〈고도를 기다리며〉라는 작품이 문득 떠오르기 시작한 것 같다.

당시 한인회는 빚더미에 올라앉았고 회관은 수리할 곳, 문제투성이 조직이었다. 초라하기 그지없는 한인회 건물, 험담으로 가득한 비조직적이고 비합리적인 인간 관계들. 그것은 부조리로 가득한 삶의 현장이었고 절망이었다. 바로 〈고도를 기다리며〉를 통해 사무엘 베게트가 묘사한 무대의 현장과 다르지 않았다.

그 절망의 바다에 뛰어 든 선배님의 열정에 나는 놀라움과 동시에 바로 기다리던 '고도'라는 이름을 떠올리게 된 것이다.

한인회의 실상을 듣고 나는 어떤 의사의 말이 떠올랐다. 암 수술을 집행하려고 했던 의사가 환자의 배를 가르고 나니 암세포가 너무 많이 퍼져 있어서 도로 배를 꿰매고 말았다는 이야기이다. 나라면 아마도 현 한인회의 실상을 파악한 즉시, 그 의사처럼 배를 꿰매고 수술실을 떠나는 느낌으로 황급히 한인회를 떠나고 싶었을 것이다.

그런데 오 선배님은 무슨 연유인지 한인회장직을 맡으셨다. 내가 만일 선배님과 같은 재력이 있다면 그저 유유자적하게 여행을 다니며 자신의 인생을 즐길 것이다. 그러나 각종 비난을 받으면서도 업무를 하나도 허술하게 넘기지 않고 매진하는 선배님을 보면서 현대화의 주축이 되어 한국 여성사의 발전을 담당했던 이화여대의 김활란 총장님, 김옥길 총장님, 장상 총장님, 신인령 교수님, 박순경 교수님 등 시대의 선각자이셨던 선배님들의 모습을 읽을 수 있었다.

밴쿠버 사회에서 한인 공동체의 역사를 살펴보면 제대로 면모를 갖춘 한인 센터를 준비할 시기가 되었으나, 아무도 자신이 그 일을 할 사람이기를 자처하지 않고 있다.

많은 사람이 겸손하여 나서기를 꺼린다는 입장을 보이지만, 참으로 필요한 시대적 요청이 있다면 그건 겸손이 아니라 외면이고 방관이라고 여겨졌다. 한인사회에는 지성과 리더십을 겸비한 인사도 많고 사업에 성공해 재력을 가진 사업가들도 적지 않은 듯싶은데 한인 공동체를 위하는 일에 관여하기를 꺼리는 것 같다.

혹자는 한인회를 가리키며 무조건 부정적이며 비판적인 시각 속에서 "까마귀 노는 곳에 백로야 가지 마라"라고 표현한다. 한인회의 역사를 본다면 십분 긍정할 수도 있지만 캐나다의 소수 민족 사회에서 한인을 대표하는 한인회의 꼴이 그렇게 허접스럽도록 언제까지 스스로 공동체에 대해서 비난만 일삼을 것인가?

한민족에게 설움과 굴욕의 역사를 안겨주었던 일본인들은 그들의 문화센터인 니케이(Nikkei) 센터와 양로원을 밴쿠버의 중심에 위치한 버나비시에 세웠고, 중국인들은 석세스(success)라는 막강한 조직을 각 지역마다 수십 개의 브런치로 운영하고 있다. 중국인들의 석세스 1년 운영자금이 3천6백만 달러에 달하고 그중 80%를 정부로부터 지원받는다. 정부로부터 지원된 금액이 다시 중국인 커뮤니티로 환원되니 그들의 힘은 계속 눈덩이처럼 불어날 수밖에 없다(www.success.ca 참고).

우리 한인사회는 한인 공동체가 나아가는 길에 언제까지 비판과 의심과 방관으로 일관할 것인가? 성서에 나타나 있듯이 하나님은 10명의 의인만 있어도 소돔과 고모라를 망하게 하지 않겠다고 하셨으나, 그 의인이 모자라 도시는 망하고 말았다. 과연 그 도시에 개인적인 차원에서 백로 같은 사람이 단 한 명도 없었으리라고는 보지 않는다. 아니 오히려 그 나라에도 개인적인 차원에서의 백로는 까마귀 이상으로 많았으리라 본다. 그러나 하나님은 그들을 의인으로 간주하지 않았고 함께 타락한 죄인으로 두고 연대 처벌을 선택하시고 말았다.

부패한 사회를 바라보고도 침묵을 지킨다면 그건 또 하나의 동조 세력에 불과하다. 우리는 그를 백로라 칭하기를 거절한다. 그 어떤 지성인에 대해서도 우리는 그 지성을 존중할 수 없고 그 어떤 재력가에게도 우리는 그의 재력에 권위를 둘 수 없다. 그러한 지성인은 지성이라는 액세서리를 두른 껍데기에 불과하며 또한 재력가는 크리스마스 동화에 나오는 스크루지 영감과도 같은 욕심꾸러기 부자에 불과할 것이다. 우리는 그들의 가치를 인정할 수 없고 존중하지 않는다.

장학재단 이사장직에서부터 무궁화재단 창립 그리고 한인회장에 이르기까지 오 선배님이 수행하는 모든 업무에 여러 비난과 부정적인 공적 여론이 일기도 했다. 그러나 자신은 행하지 않으면서 뒤에 앉아서 비판을 일삼는 사람들보다는 그 어떤 한계와 비난 속에서도 개의치 않고 자신의 비전을 향해 도전하고 실행하는 선배님이야말로 궁극적으로 앞선 역사의 선구자라 생각되었다.

한 명의 인간이 완전할 수는 없다. 그에게는 수많은 약점과 오류가 존재할 수 있고 그것은 너무나 자연스러운 자연의 이치에 불과하다. 필자의 생각속에도 필시 충분히 약점과 한계와 오류가 있을 수 있다. 그러나 설혹 약점과 한계가 있다고 하더라도 공동체를 위해 자신의 시간과 재력을 헌신하고 있다면 그 하나만으로도 비판보다는 격려와 존중 그리고 한걸음 더 나아가 그의 부족과 한계를 채워주기 위해 고민하고 협조해야 하는 것이 바른 행보가 아니겠는가?

마지막으로 다시 한번 역사에 기록될 놀라운 선배님의 행적을 하나 여기
적는다. 선배님은 아버님 장례 부조금을 모두 한인장학재단에 희사하시
고, 어머님 장례 부조금을 또한 한인센터 건립기금을 위해 희사하셨으며,
이번에 100만 달러라는 거액을 또한 밴쿠버 한인센터 건립을 위한 기금
으로 공동체를 위해 희사하셨다.

한인이 따라야 할 역할 모델을 보여주신 선배님께 다시 한번 존경과 감탄
과 찬사를 보낸다.

늘 푸른 달빛, 그 깊은 사랑의 강
— 밴쿠버 한인장학회 이사장 오유순 씨

연은순

(「중앙일보」 문화전문 기자)

"장학사업은 자선 아닌 미래 위한 가장 값진 투자"
"오래 전부터 고아들에게 사랑의 손길 펼쳐온 독지가,
내가 가진 것 이웃에 베풀려는 고귀한 영혼의 소유자,
'맑고 순수한 마음' 물질에 집착하는 현대인의 귀감"

1) 비 갠 밤, 푸르른 달빛을 바라보며

비 갠 밤하늘 사이로 맑은 기운이 엿보인다. 반달을 넘어선 달님이 은은
한 빛을 발하며 그사이를 유유히 흘러간다. 신비롭고 소슬하기 그지없다.
한편으로 고고하기까지 하다. 그 서늘하고 기품 있는 자태에 홀려 한참을
올려다본다. 온몸이 달빛 세례를 받아 청결해진 듯하다. 영혼조차 씻김을
받은 듯 가뿐하다.

태양이 남성이라면 달은 여성의 상징으로 일컬어 지던가. 일면 서정적이고

---

* 「중앙일보」 문화전문기자인 연은순 박사께서 2002년 11월 23일자 17면에 밴쿠버 한인장학회 이사장으로
서의 나를 소개한 글을 기고했다. 부끄럽지만 참고삼아 여기 싣는다.

나약한 듯 보이는 달이건만 강렬하게 보이는 태양보다 더 은근함으로 우리릴 감싼다. 빛을 잃은 밤, 실의와 절망에 빠져 눈물적시기 일쑤인 밤, 고독과 거친 세파에 지쳐 안식하고 싶은 밤. 우리를 한없는 푸근함으로 다독이고 감싸주는 영원한 대모신. 영원한 우리의 눈물받이일 그. 누군들 달에 의지하여 외로움을 달래지 않았으랴. 누군들 달을 친구 삼아 어두운 밤길 걸어보지 않았으랴.

한 번이라도 굶주려본 적이 있는가? 한기 가득한 방에 홀로 누워 망연히 천상을 바라보며 언젠가 먹어본 적이 있는 김이 모락모락 나는 찐 만두를 떠올리고 고봉으로 퍼 담은 흰 쌀밥을 떠올려본 적이 있는가?

한 번이라도 가난 때문에 눈물 흘려 본 적 있는가? 밀린 수업료 때문에 혹은 그림물감 때문에 학교 주위를 서성이며 주먹으로 눈물을 훔쳐 본 적이 있는가? 가난은 부끄러운 것이 아니라 그저 불편할 따름이라고 몇 번이나 입 속으로 되뇌나, 가난은 불편할 뿐만 아니라 부끄럽기까지 하다는 사실을 뼈저리게 자각해야 했던 어린 날의 그 쓸쓸하던 풍경이 있는가? 그때 변함없는 푸르름으로 함께 하던 달빛을 기억하는가? 그때 그 달빛이 발하던 따사로운 힘을 기억하는가?

늘 푸른 달빛의 광채와 기품을 발하며 자신이 받은 사랑을 고스란히 이웃에게 돌려주고 싶어 하는 한 인물이 있다. 달빛의 온유함과 따사로움으로 모든 이들을 감싸주는 사람이 있다. 밴쿠버 한인장학회 오유순 이사장.

그녀를 만나고 돌아오는 길에 유난히 높이 떠올라 온 누리를 밝히는 달빛과 조우하게 되었다. "영원히 여성적인 것이 우리를 구원한다"고 했던 파우스트의 마지막 구절이 스스럼없이 떠올랐다. 비 갠 초겨울 밤이었다.

2) 영원히 여성적인 것이 우리를 구원하리라

제약업을 하시던 아버님의 영향을 받아 대학 약학과를 지원하게 된 오유순 씨. 한국에서 대학원을 마치고 오강남 씨와 결혼, 캐나다로 학생이민을 오게 된다. 단순히 유학을 오려 하던 그들에게 캐나다 당국에서는 학생이민이라는 특수한 허가증을 내어주었다. 1971년 일이었는데 처음 정착한 곳은 남편의 학교가 있던 온타리오주 해밀턴이란 곳이었다.

이미 한국에서 약학으로 석사학위를 받은 상태여서 학위공부를 계속하고 싶었으나 당시 학생 신분이던 남편과 갓 태어난 아들을 위해 약사 자격증을 먼저 취득하는 게 좋겠다고 생각하였다. 토론토대학 약대 학부에 들어가 필요한 과목을 이수한 뒤 약사 자격증을 취득하였다. 이후 남편의 직장을 따라 토론토, 매니토바주의 위니펙, 앨버타주의 에드먼튼, 서스캐처원주의 리자이나 등지를 돌며 약국 매니저로 일했다. 캐나다는 각주마다 다른 주의 약사자격증을 인정해 주지 않는 터라 주를 옮길 때마다 약사시험을 다시 치러야만 했는데 그런 이유에서 그녀의 약사자격증은 캐나다 것만 해도 다섯 개나 된다. 캐나다 각주를 돌며 생활하면서 그녀는 떠돌이 생활의 유익함을 깨우칠 수 있었고 각 지역마다 좋은 친구를 만날 수 있었다. 삶이란 어차피 여행일 터였다.

피붙이 하나 없는 캐나다에서 새롭게 공부하고 약국에서 일하고 어린애들을 돌보며 생활을 하는 일이 결코 쉬울 수만은 없었다. 특히 엄마 품을 떠나려 하지 않는 어린아이들을 데이케어에 맡기고 일을 나갈 때면 차마 발길이 떨어지지 않았다. 울부짖는 아이들을 보며 그녀 또한 눈물 흘리지 않을 수 없었다. 지금도 그때 일을 떠올리면 마음이 젖어온다. 어쩔 수 없는 갈등의 순간들이었으리라. 그러나 그런 시절을 밑거름으로 하여 오히려 더 강해질 수 있었고 사람살이의 귀함을 깨달을 수 있었다.

어려서부터 부유한 집 외동딸로 사랑을 독차지하며 자라온 오유순 씨. 부모님들께서는 자신들이 지닌 풍족함을 자신들만 누려서는 안 된다는 생각을 늘 하고 계셨다. 일찌기 외조부님께서는 기독교에 몸담아 종교지도자로서 활동을 하셨고 특히 후덕한 인품을 갖고 계시던 아버님께서는 "내가 벌었다고 해서 모두 내 돈이 아니다"라는 생각을 갖고 계셔서 이웃과 친척들과 함께 나눠 쓰는 게 당연하다는 지론을 몸소 실천하셨다. 이처럼 정신적으로나 물질적으로나 풍요로움 속에서 자라난 오유순 씨는 늘 자란 환경과 하는 행동이 다르다는 주위의 평을 듣곤 했다. 늘 여럿이 모일 때나 학창시절 봉사활동을 갈 때면 그녀가 궂은 일을 도맡아 했기 때문이다. 많은 걸 누리며 자랐지만 내가 잘 나서 그런 것이 아니라는 생각을 했고 내가 받은 은혜를 다른 이들에게 돌려주고 싶다는 생각을 잊지 않았다.

독실한 기독교인으로 살아오면서도 늘 정신적인 도약을 위해 노력을 게을리하지 않았는데 30세 시절에는 한동안 종교, 삶에 대한 진지한 고민에 빠지기도 하였다. 이 시절 그녀는 명상을 통해 홀연한 깨달음과 기쁨이 가슴으로 가득 차오르는 순간을 체험하게 된다. 이후 모든 이들이 사랑스럽고 그들을 진정 도와주고 싶다는 생각이 더욱 간절하게 들었다. 이 특이한 체험은 그녀의 삶을 더욱 진지하게 만들었고 사랑으로 가득 채웠다.

그녀의 삶에 대한 정의는 다소 이채롭다. 자신이 이 세상에 태어난 목적은 스스로가 지닌 신성(神性)을 개발하는 데 있다고 본다. 그 신성을 개발해서 이 세상에 도움을 주고 떠나는 것이라 믿는다. 그런 인생철학 탓에 그녀의 이웃 사랑이 남다른 것이 될 수 있었으리라.

자녀들이 성장하여 어느 정도 시간적 여유를 갖게 된 2000년 8월 밴쿠버한인장학재단 이사로 가입하게 된다. 평소 나름대로 고국의 고아들을 위해 도움을 주던 그녀였고 평소 적당한 시점에 사회사업을 하리라 생각하던 그녀에게 당연한 수순이었다. 늘 그녀는 인생계획을 나름대로 해 놓고 있었다. 25세까지는 자신의 교육을 위해 힘쓸 것. 45세까지는 애들 교육에 힘쓰고 55세까지는 경제적인 기반을 다지고 이후는 사회사업에 노력을 기울일 것 등이 바로 그것이다.

3) 해맑은 순수, 그 청정한 수원지(水原地)

1999년 밴쿠버 한인회 산하에서 태동한 장학회는 '밴쿠버한인장학재단'으로 독립을 하고 2001년 12월에는 오유순 씨가 이사장직을 맡게 된다. 2002년 1월에는 비영리단체로 등록하였고 정부로부터 세금 공제 번호(Charity No.)를 받게 된다. 2002년 6월에는 〈조영남 자선음악회〉를 주최하여 많은 이들의 호응에 힘입어 좋은 결실도 맺었다. 현재 11명의 이사진이 힘을 모아 노력하여 나름대로 장학금도 모았다. 그 결과 결성 첫해인 1999년에 7명에게 장학금을 주던 것을 올해는 29명에 달하는 학생들에게 장학금을 지급할 수 있게 되었다. 교민들이 장학재단을 신뢰하게 되어 지속 많은 성금을 보내준 덕이기도 하다. 어떤 이는 익명으로 거금을 선뜻 내놓아 이사진을 감동케 하기도 하였다. 올해 한국의 경동제약과 HSBC은행에서 장학금 지원을 받은 걸 포함해 신설된 개인 장학금 수만 해도 7개 항목이나 되며 앞으로 그 수는 점점 증가할 듯하다. 실로 고무적인 일이 아닐 수 없다.

밴쿠버 지역에서 공부하는 한인대학생들 중 학업이 우수하고 사회 봉사하면서 가정 형편이 어려운 학생들에게 장학금을 지급하자는 것이 본 장학재단의 취지이다. 상학사업은 "자선이 아니라 미래를 위한 선하고 가장 값진 투자"라고 말하는 오유순 씨. "언어장벽, 문화 격차, 인종 문제 등 갖가지 문제를 안고 있는 우리의 자녀들에게 작으나마 격려와 용기를 북돋아주어 우리가 못다한 꿈을 이 땅 위에 심도록 최선을 다하자"고 주장한다.

현재 코퀴틀람에서 약국을 운영하는 오유순 씨. 코고 작은 질병으로 약국을 찾는 사람들을 보며 생로병사에 대해 그리고 우리의 삶에 대해 늘 남다른 생각을 하게 된다. "건강이라 함은 육체적 건강뿐 아니라 정신적 건강의 의미도 함께 지니고 있다"는 그녀의 말이 자못 의미심장하다. 육체는 건강하나 정신이 그렇지 않은 사람들이 얼마나 비일비재한가. 약은 잘 쓰면 약으로서 기능을 하나 잘 못 쓰면 독이 되듯 우리의 행동거지, 삶도 적재적소를 찾지 못할 경우 그리되리라. 내가 번 돈이라 해서 모두 내 것이 아니라 믿고 있으며 내가 가진 것을 사회로 환원하는 것이 당연하다고 믿는다. 그녀가 몸 담고 있는 장학재단은 그런 의미에서 그녀에게 더할 나위 없이 소중하다. 자신의 꿈을 제대로 펼쳐 갈 수 있는 좋은 터전이라 굳게 믿으므로.

오유순 이사장.

그녀의 영혼은 해맑고 기품있다. 투명하고 순수해서 보는 이들의 마음을 절로 정화시킨다. 그녀는 누구에게나 진심을 다한다. 그녀가 발하는 보기 드문 진정성은 사람들의 가슴을 뭉클하게 하는 마력을 지닌다. 상한 영혼을 어루만져 주는 사랑의 치료사와도 같다. 그녀를 한번 만나본 이는 그녀의 순수함과 따사로움을 오래도록 기억한다. 자신이 받은 사랑과 혜택을 남에게 돌려주고 싶어하는 아름다운 영혼의 소유자로 기억한다. 자신의 귀한 생각을 몸소 실천할 줄 아는 흔치 않은 사람이라 생각한다. 일찍이 남다른 이웃 사랑으로 사람들을 감동케 했던 저 프랑스의 여성철학자 '시몬느 드 베이유'를 연상시킨다. 그녀의 존재는 물질문명이 만연해 있는 이 각박한 세상 속에서 어렵사리 찾아낸 청정한 수원지와도 같다. 일찍이 생텍쥐페리의 '어린 왕자'라는 작품의 등장으로 얼마나 많은 영혼이 정신적인 위안을 받았던가. 그녀의 영혼은 정녕 어린 왕자의 그것에 다름 아니리라.

사는 일이 힘들고 가파르다고 느낄 때 그녀를 기억하리라. '참 귀한 사람'임에 분명한 그녀에게 전화를 하리라. 그녀의 맑은 음성, 그 따사로운 기운에 힘입어 새롭게 내일을 기약하리라. 초겨울 밤, 소슬한 달빛이 여전히 창가를 밝히고 있다.

EUNICE YOO SOON OH KANG LIFETIME ACHIEVEMENTS

EDUCATION

1959-1965	Kyunggi Girls' Middle and High School
1965-1969	BPharm, Ewha Womans University College of Pharmacy
1969-1971	MPharm, Ewha Womans University College of Pharmacy
1975-1976	University of Toronto Faculty of Pharmacy
1976	Pharmacist's licenses in Ontario, Manitoba, Saskatchewan, Alberta, and British Columbia

AWARDS

2004	Award for excellence in social service from the prime minister of the Republic of Korea
2007	Gwanak Award, Seoul National University Alumni Association in Vancouver
2010	Awards for excellence in community service from the president of the Republic of Korea
2012	Plaque of appreciation, Korean War Veterans Association in Vancouver
2012	Queen Elizabeth II Diamond Jubilee Medal, Government of Canada
2013	Plaque of appreciation, Korean War Veterans Association of the Republic of Korea
2017	Senate 150th Anniversary Medal
2022	Winner, APOthecary Heroes of Canada Contest
2023	Certificate of appreciation, Ewha Womans University College of Pharmacy Alumnae Association in Korea

COMMUNITY SERVICE

2002-2003	Chair, Vancouver Korean-Canadian Scholarship Foundation
2003	President, Kyunggi Girls' High School Alumnae Association in Vancouver
2003-2011	First vice president, The Peaceful Unification Advisory Council, Vancouver Chapter
2003-2011	Chair, Women's Committee, The Peaceful Unification Advisory Council, Vancouver Chapter
2004-2008	Consultant, Q&A on pharmaceutical- and health-related matters, Vancouver Chosun Daily Press
2005-2008	Chair, Vancouver Korean-Canadian Scholarship Foundation
2006-2015	Board member, First Steps, an organization committed to preventing child malnutrition in North Korea
2009-	Chair, Rose of Sharon Foundation
2009-2010	President, Rose of Sharon Care Society
2009-2012	President, Korean Society of British Columbia for Fraternity & Culture
2011-2013	President, The Ewha Womans University Alumnae Association in Vancouver
2012	President, The Ewha Womans University Alumnae Association of North America
2012-2014	Member, The Multicultural Advisory Council, BC, Canada
2013	Chair, The Ewha Womans University Alumnae Association of North America
2013-2023	Member, The Peaceful Unification Advisory Council, Vancouver Chapter
2014-2018	Chair, The Vancouver Korean-Canadian Scholarship Foundation
2014-	Board of Directors, The Vancouver Korean-Canadian Scholarship Foundation
2017-	Board of Directors, The New Vista Society

Eunice (Yoo Soon) Oh was born in South Korea and immigrated to Canada in 1971.

Eunice is pictured with the Honourable George Furey, who was then the speaker of the Senate of Canada, and Senator

Founder and president of Oh Pharmacy, Eunice was named a winner of the first APOthecary Heroes Contest in 2022 in recognition of her outstanding contributions as a pharmacy professional in Canada.

She is married with three sons, two daughters-in-law and four grandsons(parents pictured above left, family pictured above right)

Among her many other philanthropic enterprises, Eunice helped establish the Vancouver Korean-Canadian Scholarship Foundation to promote and encourage academic excellence among students of Korean heritage. As of 2022, the foundation has awarded over $1.4 million in scholarships for postsecondary education. The Right Honourable Stephen Harper, who was then the prime minister of Canada, attended the foundation's inaugural award ceremony.

Yonah Martin at the awarding of her Senate 150th Anniversary Medal for her leadership and contribution to the Korean community of British Columbia in 2017.

In November 2020, Eunice realized a lifelong dream of supporting a venue to provide culturally sensitive care to Korean-Canadians. At the New Vista Care Home (left), the second floor is dedicated to providing Korean meals, entertainment, and Korean-speaking caregivers for 40 residents. She donated $1 million to help achieve this goal.

성장의 시간

한국전쟁 발발

　내가 태어날 즈음에 우리 집은 대가족이었다. 할머니 조 마리아 님, 할아버지 강흥빈 님 그리고 그 밑으로 아들이 넷이 있었는데, 아들들의 가족까지 모두 함께 살고 있었으니 집이 아주 컸던 것 같다. 집은 남산 밑 외성대 지역에 있었다. 나는 가족들이 모두 둘러앉아서 아침을 먹고 있을 때 태어났다.

　내가 태어나고 얼마 후에 우리 부모님은 돈암동으로 분가하셨고, 거기서 한국전쟁이 날 때까지 살았다. 우리 어머님 말씀에 내가 두세 살 무렵 동네에서 많이들 예뻐라 하셨는데, 누가 데리고 갈까 봐 걱정되어 모르는 사람이 주는 걸 받아먹으면 안 된다고 신신당부하셨다고 한다. 그래서 나는 누가 예쁘다고 과자를 주면 어머님 말씀을 듣느라고 그걸 집 앞에다 뿌려 놓고 들어갔다고 한다.

　내가 네 살이 되던 해에 한국전쟁이 발발했다. 전쟁 직후에도 돈암동에서 계속 살고 있었는데, 그때 총각이었던 막내 작은아버님은 인민군이 서울을 점령했을 때 우리 집 다락방에 석 달 정도를 숨어 계셨다고 한다. 인민군이 젊은 남자들만 보이면 잡아갔기 때문이다. 동네 사람들이 착해서 신고하지 않아 숨어있을 수 있었던 거라며 어른들께서 많이들 고마워하셨다. 그러던 어느 날 9·28 수복 소식을 듣고 우리 큰아버님께서 숨어 지내느라 고생한 막내 작은아버님에게 냉면을 사주시려고 동대문시장으로 부르셨다. 그런데 그만 거기서 북으로 도주하는 인민군에게 잡혀간 이후 아직 소식을 모른다고 한다. 국군 장교로 계시던 작은아버님 말씀으로는 미아리 고개에서 총살당했을 거라고 하셨다. 나와 찍은 사진을 보면 네 형제분 중에서 제일 잘생기고 키도 크고, 어른들 말씀에도 명철하기가 남달라서 참 아까운 분이셨다는데…. 게다가 그때 약혼한 지 6개월밖에 안 되어서 예쁜 색시가 약혼자가 돌아오기만을 기다리고 있었다는데…. 우리 할머니께서 큰아버님보고 괜히 동생을 불러서 납치당하게 했다며 슬퍼하시는 모습을 많이 보곤 했다. 우리 가족들에게 마음 깊이 묻어 놓은 슬픔이다.

1·4 후퇴 때에는 친가와 외가의 가족 대부분 피난을 떠나게 되었는데, 우리 아버님 바로 밑의 작은아버님이 국군 장교로 계셔서 기차를 타고 갈 수 있었다고 한다. 기차를 탈 수 있었다고는 하지만 그 광경은 정말 참담하기 그지없었다. 여자들은 비좁은 공간에 다리도 펴지 못하고 서로 끼어 앉았고, 남자들은 자리가 없어서 기차 지붕에 매달려서 가는데 굴을 지나거나 할 때 떨어지면 죽는 것 아니겠는가. 그래서 아침에 일어나면 서로 살아 있는지 확인하는 게 일이었다. 죽을 고비를 넘기며 부산에 도착했는데, 어쩐 일인지 우리 외할머님이 발을 동동 구르기만 할 뿐 내리려 하지 않으셨다. 사람들이 다 내리고 난 후 바닥에 뒹굴고 있는 신문지 뭉치를 줍고 가슴에 품고서야 내리셨다. 돈일 줄 알면 훔쳐 갈까 봐 신문으로 둘둘 감아서 쓰레기처럼 보이게 해서 가지고 계셨는데, 그게 보이지 않아 기차에서 내릴 수 없으셨단다. 돈뭉치가 바닥에 그대로 있었던 것을 보면 할머님의 기지가 통했던 것 같다.

부산에서는 이승만 대통령의 주치의이셨던 안식일 교회의 현 삼육의료원의 전신인 위생병원 원장 유제한 박사님의 도움으로 LSD라는 배를 타고 제주도로 갔다. 그 배를 타고 제주도로 피난을 많이 갔는데, 제주도민 한 가정당 피난민 한 가정씩을 맡아서 돌봐줬다고 한다. 그때 제주도 사람들이 피난민들을 마치 가족처럼 잘 돌봐줘서 가족들과 두고두고 고마웠던 이야기도 하고 나는 나중에 대학생이 되어 어머님 모시고 다시 찾아가기도 했다.

제주도 피난 시절

제주에서는 잠시나마 피난의 고달픔을 잊게 했던 재미있는 일들이 있었다.

당시 우리 어머님은 서른 살 갓 지난 새댁이었다. 덕성여고 선생님으로 계시다가 나를 낳으면서 그만두고 집안 살림을 시작한 지 얼마 안 지난 때였다. 어머님이 아침에 밥을 지으려고 부엌에 나갔다가 큰 구렁이를 발견했다. 새댁이 놀라 소리를 지르면서 나오니까 큰일이 난 줄 알고 우리 가족뿐만 아니라 제주도 가족분들도 모두 뛰쳐나왔다. 그런데 새댁의 비명이 구렁이 때문이라는 것을 알고는 아무 일도 아니라는 듯이 태연히 다들 방으로 들어가더란다. 나중에 들으니 제주도에서는 구렁이를 집을 지켜주는 신령스러운 존재로 여겨 구렁이를 쫓아내지 않고 그대로 두었다. 그래서 과거에는 제주의 초가집 돌담 구멍에는 대부분 커다란 구렁이가 한 마리씩 살고 있었다고 한다.

하루는 이런 일도 있었다. 부엌에 물을 길어다 담아 놓는 큰 항아리가 있었는데, 그 항아리 밑에 더러운 것들이 쌓여 있는 걸 보고 어머님이 정성을 들여 그 큰 항아리를 깨끗이 씻어서 새로운 물을 말끔하게 채워 놓으셨다. 어머님께서는 우리 가족을 보살펴준 제주도 가족들을 위해 힘들어도 열심을 내어 항아리를 닦고 흐뭇하게 생각하고 계셨는데, 그날 그 집 할머님께서 불같이 화를 내셨다. 제주도에서는 물 항아리 밑에 쌓여 있는 걸 없애면 집안이 망한다는 속설이 있어서 절대 항아리를 닦지 않는데, 우리 어머님이 그걸 모르시고 항아리를 닦으셨던 것이다. 어머님은 예상치 못한 일로 혼이 나자 방에서 몰래 눈물을 훔치셨단다.

그래도 우리 어머님이 그 험난한 피난 길에 재봉틀을 가져갈 생각을 하셨던 걸 보면 참 똑똑하셨던 것 같다. 그걸로 삯바느질해서 제주도 사람들에게 한복 저고리를 만들어 주시고 물물교환으로 해녀들이 물밑에서 잡아 온 해산물들을 받아오고 그렇게 우리를 먹이셨다.

제주도에서의 기억은 대부분 어머님에게 들은 것들이지만, 내가 직접 기억하는 일도 있다. 그중 가장 인상에 남는 것은 변소다. 제주도는 변소 안에서 돼지를 키웠는데, 다섯 살밖에 안 된 꼬마가 변소에 가면 밑에서 변을 먹으려고 뛰어오르는 돼지들을 만나야 했으니 얼마나 무서웠겠는가? 그래서 변소에 갈 때면 막대기를 하나 들고 가서 그걸로 돼지들을 치우면서 변을 보곤 했는데, 달려드는 돼지들 때문에 어찌나 겁이 났던지…. 아직도 그 모습과 느낌들이 생생하게 기억난다. 나에게는 무서운 돼지들이었지만, 그렇게 인분을 먹고 자란 돼지여서 특별히 맛이 있었나 하는 생각도 든다.

제주도에서 1년 정도 피난살이를 하다가 육지로 다시 들어왔는데, 나에게 제주에서의 기억이 참 좋았던 것 같다. 언젠가 남편에게 "내가 아마 전생에 물고기였나 봐. 이렇게 바다를 좋아하는 걸 보니."라고 했더니, 남편이 "아마도 어렸을 때 제주도에서 지낸 경험이 좋았기 때문에 그런 걸 거야"라고 말해주었다.

휴전이 되어 할아버지와 할머니를 비롯해 친척분들은 서울로 돌아갔지만, 우리 가족은 제주도를 떠나 부산 옆에 있는 덕산으로 가 그곳에서 초등학교 1학년을 마치고, 다시 진해로 갔다. 진해에는 해군사관학교가 있는데, 아버님이 그 근처에서 베이비 골프장을 하셨다. 해군사관학교에 다니던 사람들이 주말에 많이 와서 골프장이 굉장히 붐비곤 했다. 퍼팅하는 코스만 18개 정도 만들어 놓은 작은 골프장이었는데, 거기에 연못 분수를 만들어 놓고 금붕어도 키우고 해서 나름 잘 운영되던 곳이었다. 나도 거기에서 해사 사람들과 골프 시합을 해서 이겨서 초콜릿을 얻어먹던 기억도 있다. 할아버님과 할머님을 뵈러 서울로 가곤 했는데, 진해가 서울에서 참 먼 곳이었던지 새벽에 진해에서 기차를 타면 늦은 밤에 서울에 도착했다.

초등학교 2학년 때는 다리에 마비가 와서 고생했던 일도 있다. 내가 어렸을 때 잘 먹지 않아서 우리 어머님이 애를 많이 쓰셨다. 학교 끝나면 자장면집에도 데려가시고, 좋다는 보약이 있으면 다 먹이셨다. 한번은 누가 생삼을 먹으면 입맛이 돈다고 해서 그걸 먹이셨다. 그런데 어느 날 교회를 다녀오는데 갑자기 다리가 움직이질 않아서 도랑을 건널 수 없게 되었다. 어렸을 때는 생삼을 먹이지 말았어야 했는데, 그걸 잘못 먹어서 다리에 마비가 온 것이었다. 어머님이 놀라셔서 나를 둘러업고 이 병원으로 저 병원으로 뛰어다니시고, 내가 자고 있으면 옆에서 울면서 기도하고 난리가 났었다고 한다. 결국은 어떤 의사선생님이 비타민B 주사로 낫게 했다. 재활을 하는 동안에는 부모님이 내가 재활을 잘하게 하시려고 '여기까지 손이 닿으면 돈 줄게' 이렇게 하시면서 돈을 한 장씩 한 장씩 주셨는데, 그때도 내가 돈을 좋아했는지 재활을 열심히 했다고 한다. 스트레칭이 점점 잘 될 때마다 두 분이 손뼉을 치며 기뻐하시던 모습이 눈에 선하다. 그때 나를 응원해 주시며 한 장 한 장 주셨던 돈이 무더기로 쌓일 정도였는데, 그렇게 나를 지극정성으로 도와주신 부모님 덕분에 재활에 성공하지 않았나 생각한다.

2. 가족의 사랑으로 행복했던 유년기

재동초등학교 시절의 우리 가족

진해에서 초등학교 3학년까지 다니다가 4학년 때부터 서울로 이사 와 서 재동초등학교에 다녔다. 진해에서 초등학교에 다닐 때는 내가 경상도 말을 한다고 해도 친구들한테는 서울말로 들려서 '서울내기, 다마내기, 맛 좋은 고래고기' 하면서 놀림을 받았는데, 서울에 오니까 내가 경상도내기 가 된 것이다. 전학을 갔으니 새로운 학생이라고 앞에 나와서 인사를 하는 데, 경상도 사투리를 쓰니까 친구들이 막 깔깔대고 웃던 기억이 난다. 친 구들이 나를 그렇게 놀리고 싶었던지 노래도 부르라고 했다. 내가 개구리 노래를 개굴개굴하면서 열심히 부르고 마지막에 혀를 날름 내밀고 들어 갔다. 그랬더니 친구들이 웃겨 죽겠다고 하면서 한바탕 난리가 났다.

새로운 학교라서 처음에는 화장실이 어디 있는지 헤매다가 결국 못 찾고 집으로 막 뛰어오기도 했다. 그래도 내가 적응을 빨리해서 친구들 도 금방 사귀고 우리 집에서 같이 놀곤 했다. 그때는 친구들이랑 함께 학 교 마룻바닥에 초를 칠하면서 윤을 내던 청소도 그렇게 재미있을 수가 없었다.

재동초등학교에 다니던 초기에는 진해의 골프장을 정리하는 데 시간이 걸려서 어머님은 진해에 남아 계셨기 때문에 나는 아버님과 함께 서울 할 머님 댁에서 지냈다. 아직 어렸을 때라 그런지 혼자 잠들지 못하고 할머님 방에서 같이 잤다. 호랑이 할머님이셨지만 나에게는 따뜻하게 대해 주셨 다. 할머님 품에서 자다가 내가 할머님 젖가슴을 만져서 깜짝 놀라셨다는 이야기를 들은 적도 있다.

그리고 아버님께서는 일하고 돌아오셔서 나의 공부를 도와주곤 하셨다. 저녁 늦게까지 같이 학교 숙제도 하고 모르는 내용을 설명해 주시기도 하셨는데, 내가 시골에서 올라와서 혹여나 뒤처질까 봐 직접 돌봐주셨던 것 같다. 피곤하셨을 텐데도 공부를 돌봐주시며 나를 끔찍이 아끼시던 그 마음을 지금도 잊지 못한다. 내가 끄덕끄덕 졸고 있으면 "나가서 세수하고 와"라고 하시며 엄하게 말씀도 하셨지만, 집에 돌아오실 때면 나에게 초콜릿이며 장난감이며 선물들을 안겨주시며 위로와 응원도 아끼지 않으셨다. 이런 아버님의 따뜻한 사랑 덕분에 새로운 학교에서 공부도 곧잘 하고 그랬다.

어머님이 서울로 오신 후에는 아버님께서 사업을 하시느라 항상 바쁘셨지만, 일요일에는 어머님과 나를 위한 시간을 꼭 만들어 주시곤 했다. 겨울에는 온양온천을 가고, 여름에는 도봉산에 올라 계곡에 맥주와 수박을 담그고 물놀이를 즐겼다. 그리고 산에서 내려올 때면 아버님께서 함흥냉면을 사주셨는데, 그 냉면이 어찌나 맛있던지 지금도 함흥냉면을 좋아해서 자주 먹으러 간다. 나에게 함흥냉면은 부모님과 먹던 행복한 추억의 맛으로 느껴진다.

어머님이 서울로 올라오신 후에는 안국동 2층집에서 살았다. 그 동네 집들은 모두 단층 한옥이어서 2층 내 방에서 창문을 열면 저 멀리까지 환히 보였다. 그 풍경을 보는 게 좋아서 내 2층 방 창문은 항상 열어 두곤 했다. 지금 다시 가보니까 주변 한옥은 다 없어지고 그 집은 전통찻집으로 남아 있었다. 지금은 많이 바뀌었지만, 그때 내 방에서 보던 풍경을 찻집을 찾은 많은 사람이 볼 수 있어 다행이라는 생각이 들었다.

우리 집에는 먹을 것들이 잔뜩 쌓여 있는 다락이 있었다. 손님들이 집에 오시면 누가 시키지도 않았는데도 내가 다락으로 올라가 먹거리를 꺼내 와서 손님들에게 드리곤 했다. 그리고 부엌문으로 연결된 뒷골목에는 구두를 닦는 슈샤인 보이들이 있었는데, 아버님께서 자주 사오시던 쇼빵(식빵)을 내가 먹지 않고 그 소년들에게 갖다주던 기억도 난다. 어머니께서는 그런 나 때문에 당황스러워하시기도 했지만, 지금 생각해 보면 항상 교회 일을 도우면서 다른 사람들을 먹이시던 어머님과 밖에서 길을 가다가 추운 사람을 보면 입고 있던 코트도 벗어주고 오시던 아버님을 보고 배운 게 아닌가 생각한다.

어렸을 때는 왜 그리 입맛이 없었는지 잘 먹지를 않아서 어머님께서 애를 많이 태우셨다. 내가 밥도 안 먹고 학교에 가려 하면 밥그릇과 숟가락을 들고 따라오시면서까지 조금이라도 먹이려 노력하시곤 했다. 항상 내 입맛을 돌게 하고 싶으셔서 맛있는 음식을 열심히 만드시던 어머님 모습이 눈에 선하다. 그리고 당시에는 학교 친구 중에 머릿니가 있는 애들이 많았는데, 우리 어머님은 항상 청결에 신경을 쓰셔서 그 흔하던 머릿니 한번 없이 자랐다. 머리도 단정하게 묶어 주시고 곱게 차려 입히시며 정성스러운 손길로 나를 키우셨다. 나는 부모님의 사랑을 먹고 자라난 것이다. 나를 사랑해 주신 그 은혜는 평생 잊지 못할 것 같다.

1960년대까지 중학교에 입학하려면 입학시험을 치러야 했다. 당시에는 중학교가 의무교육이 아닌 데다가 중학교 평준화도 이루어지지 않았기 때문에 원하는 중학교에 입학하려면 준비를 많이 해야 했다.

나도 경기여자중학교에 가고 싶어 학원도 다니면서 공부를 열심히 했는데, 학원 선생님께서 나를 아주 예뻐하셨다. 그때 머리를 하나로 묶고 바쁘게 뛰어다니던 나를 보고 '다람쥐'라고 별명을 붙여 주시며 귀엽게 여겨 주셔서 시험을 준비하는 힘든 시간에 위로가 많이 되었던 것 같다. 물론 과외 공부를 했더라면 더 잘했을 텐데 하는 아쉬움도 있다. 그때는 과외 공부를 많이 하던 시절이어서 우리 어머님께서도 과외 공부를 권하셨는데, 내가 싫다고 했다. 왜냐하면 어머님이 말씀하신 과외 선생님에게 꿀밤을 맞았던 일이 있었기 때문이다. 어찌 된 일인지는 모르겠지만, 당시 유명했던 과외 선생님이 우리 학교에 와서 과외받던 학생들을 챙겨주고 있었다. 그때 나는 별생각 없이 그냥 그 모습을 보고 있던 것뿐인데 그 선생님이 느닷없이 내 머리에 꿀밤을 주길래 어찌나 화가 나던지…. 그래서 과외는 안 받았지만, 오히려 스스로 열심히 공부하는 계기가 되었던 것 같다.

할머니와 할아버지의 사랑 안에서

안국동에 살던 당시에는 일주일이 멀다 하고 할머님댁에 온 가족들이 모여서 두부를 만들어 먹었는데 지금은 다시 맛볼 수 없는 그 고소했던 맛과 가족들의 이야기 소리로 가득했던 집의 분위기가 기분 좋은 기억으로 남아 있다. 그런 가족의 품이 있었기 때문에 내가 학교에서도 빠르게 적응할 수 있었고 외동이었지만 외롭지 않게 자랄 수 있었던 것 같다.

우리 할머님은 동네에서 유명한 호랑이 시어머니로 유명하셨다. 아들 셋을 다 안국동 근처에서 살게 하시고는 아무 때나 할머님이 '두부 먹으러 오너라' 하시면 식구들이 모두 할머님댁으로 총출동했다. 할머님의 두부는 참 맛있었고 잘 만들기도 하셨는데, 지금 생각하면 그 뒷바라지를 하시느라고 우리 큰어머님이 고생을 많이 하셨을 것 같다. 우리 외할머님은 쪽진머리에 하얀 한복을 입으신 딱 옛날 할머니신 반면 친할머님은 현대화된 할머니셔서 1950년대인데도 커트 머리를 하시고 분홍색 마고자 두루마기를 입고 다니셨다. 젊어서는 굉장한 미녀로 유명하셨더란다. 할머님을 닮아서 사촌 언니들은 예쁘다는 말을 많이 들었는데, 나는 할머님의 미모를 조금밖에 받지 못한 것 같아 아쉬운 마음이 크다.

그래도 우리 할머님이 나를 무척 예뻐하셨다. 아마도 집안 살림을 잘 일으킨 나의 아버님 때문인 듯하다. 당시 아버님이 돈을 잘 버셨는데, 할머님께 돈을 드리면 할머님이 앞에 무릎을 꿇고 앉은 삼 형제들에게 고루 나눠 주셨다. 그런 아버님의 역할이 할머님께는 큰 버팀목이셨으리라 생각한다. 집안 대소사가 있어 가족들이 할머님 댁에 모여 식사할 때면 아들 상과 딸 상이 따로 있었는데도 할머니께서는 나를 꼭 아들 상에서 먹이셨다. 내가 입맛이 없어서 냉면이 먹고 싶다고 하면 눈이 막 내리는데도 우래옥에 데려가서 냉면을 사 주셨다.

할머님이 깨이셨던 분이라서 일찍이 기독교인이 되셨는데 교회 장로님께서 할아버님과 중매를 서서 두 사람을 맺어주셨다고 한다. 그렇게 서울 조 씨 양반집 딸이었던 할머님과 강원도 평강의 지주댁 아들이었던 할아버님께서 만나셨다. 우리 할아버님은 온종일 성경책만 읽으셨는데, 입맛을 쩍쩍 다시면서 열심히 읽으셨던 생각이 난다. 평강의 군수셨던 할아버님은 밤 12시에 소를 잡고 꿩 냉면을 만들어서 함께 나눠 먹는 평강의 풍습을 따라 고기와 냉면을 삶아서 하인들까지도 다 먹이셨다고 한다. 하인들도 가족이라 여기며 따뜻한 음식을 함께 나눠 먹는 넉넉한 마음을 지니셨던 것이다. 평강은 한국전쟁을 거치면서 휴전선이 북한 지역으로 편입이 되었다. 한국전쟁 당시 평강에 인민군이 내려왔을 때 지주의 신분이라 위험한 상황도 있었는데, 할아버님 댁 하인들은 할아버님을 극진히 모셨다고 한다.

남북한이 갈라진 혼란한 틈에도 우리 할머님은 어찌나 생활력이 강하셨는지 DMZ를 넘어서 평강의 물건들을 남한으로 실어 나르셨다. 군사분계선에서 잡힐 수도 있는 위험천만한 일이었는데도, 그걸 무릅쓰고 집안 재산을 지키고 싶으셔서 직접 다녀오신 정말 용감한 분이시다. 이런 우리 할머님과 할아버님께서 집의 든든한 뿌리가 되어 주시고 중심점이 되어 주셔서 우리 가족들이 모두 자신의 삶을 단단하게 만들어 갈 수 있었으리라 생각한다.

사촌들과 함께 만든 추억의 시간

사촌들과 함께 한 가족처럼 지내며 살았던 어린 시절의 추억들이 나의 마음을 풍요롭게 만들어 주고 있다. 지금도 친형제나 매한가지로 서로 챙겨주고 대화하며 지내고 있을 정도로 깊은 우애를 지니고 있다. 그때 할머님께서 나를 편애하셨기 때문에 사촌 언니들이 시기하는 마음이 있었을 텐데도 서로서로 사이좋게 지내고, 지금까지도 좋은 관계를 유지하고 있어 참 감사한 마음이다. 장난감이나 용돈이나 초콜릿같이 어린 마음에 좋아 보이는 것들을 내가 많이 가지고 있어서 언니들이 달라고 하면 나는 아까워하는 마음 없이 잘 주곤 했다. 그래서 언니들이 나를 조금 덜 미워했으려나?

한번은 부모님이 큰집에 나를 맡겨 놓고 외출하셔서 완숙(원래는 화자인데 이름을 후에 완숙으로 변경했다) 언니랑 윷놀이하며 놀았다. 사촌들과 함께 노는 건 항상 즐거웠는데, 그날은 하필 윷놀이에서 자꾸만 내가 이기는 바람에 완숙 언니가 화가 나서 내 얼굴을 할퀴어 놓았다. 그래서 부모님이 돌아와서 보시고는 난리가 나고 완숙 언니는 된통 혼이 났다. 어렸을 때는 그렇게 같이 놀기도 하고 혼나기도 하면서 커가는 것 같다. 지금은 그 언니가 허리를 다쳐서 고생하고 있는데 그게 마음이 아파서 내가 자주 전화도 하고 사는 이야기도 나누면서 지내고 있다. 어렸을 때 함께 자란 추억이 관계의 끈이 되나 보다.

초등학교, 중학교 때는 우리 이모님 댁의 사촌언니, 오빠들이 우리 집에 와서 방학을 항상 같이 보내서 거의 가족처럼 지내곤 했다. 지금 생각해 보면 아이 다섯을 키우는 게 힘겨운 이모님을 도와주시느라고 어머님이 이종사촌들을 우리 집으로 불렀던 것 같다. 이모부님은 동경제대를 나오시고 서울 공대 교수님으로 재직하고 계셨지만, 건강이 안 좋으셔서 자주 편찮으셨다. 그리고 입맛이 없던 내가 그 사촌들하고만 있으면 덩달아 밥을 잘 먹으니 우리 어머님은 이종사촌 언니, 오빠, 동생들을 기꺼이 초대하셨을 것이다. 그런 어머님 덕분에 나는 이종사촌 언니, 오빠, 동생들과 함께 너무도 소중한 시간과 추억들을 쌓아갈 수 있었다. 방학뿐만 아니라 늘 자주 만나서 몰려다니고 같이 놀았는데, 성장하는 과정에서 친구 같은 가족이 있었다는 것은 얼마나 큰 축복인지 나이가 들수록 더욱 크게 느끼고 있다.

3. 넓은 세상 속으로

중·고등학생 때는 친구들과 함께하는 게 얼마나 즐거운지 그게 세상의 전부처럼 느껴졌다. 그때를 떠올리면 학교에서든 교회에서든 친구들과 나누던 대화, 친구들과 함께 놀던 기억들이 가장 먼저 생각난다. 우정이 나의 마음을 살찌우던 소중한 청소년 시절이었다. 그때의 친구들은 지금도 여전히 인생의 동무로서 내 곁에 함께 하고 있는데, 이제는 서로의 눈빛만 봐도 무슨 생각을 하는지 알 수 있다. 아주 오랜만에 만나더라도 마치 어제 만난 것 같은 친구가 있다는 것은 큰 축복이 아닐 수 없다. 친구들과 함께 공부도 하고 교회 봉사도 하면서 쌓아온 추억들은 아껴두고 몰래 꺼내 먹는 달콤한 사탕처럼 힘든 일이 생길 때마다 삶을 견딜 수 있게 하는 힘이 된다.

경기여중에 다닐 때는 같은 반 친구인 이종화와 가장 친하게 지냈다. 종화도 안국동에 살고 있어서 등하굣길을 항상 함께하곤 했다. 종화는 동생이 넷이나 있어서 집이 복닥거려 우리 어머님이 거의 딸처럼 우리 집에서 키우다시피 하셨고, 그 덕분에 나는 시험 때면 그 친구와 같이 공부하고 같이 놀던 추억이 가득하다. 나는 교회에 빠져 살고 공부는 종화가 더 잘했는데, 같이 공부하다가도 나는 먼저 자고 종화는 밤을 새워 공부하곤 했다. 어머님이 건강 해친다고 불 끄고 자라고 하면 불빛이 새 나가지 않게 담요를 덮고 공부하기도 했고, 공부하다가 배고프니까 김장 김치를 쭉쭉 찢어서 밥이랑 먹기도 했는데, 그때 몰래 먹던 그 밥이 어찌나 맛있었던지 지금도 그 기억을 떠올리면 입에 침이 고인다.

종화와 경기여고도 함께 다녔는데, 우리 학교까지 걸어가는 길에 숙명, 중동, 경기 중고등학생들을 많이 만났다. 그래서 그쪽 골목으로 가면 남학생들이 우르르 오고 있는 사이를 걸어가야 했다. 우리 둘이 얼마나 배짱이 센지 거기를 뚫고 걸어가고 그랬다. 학교에서도 자부심을 가지라고 가르쳐서 그런지 더 자신감을 가지고 당당하게 걸어 다니던 생각이 난다. 종화는 서울대 약대를 나와서 삼육대학교 약대 교수로 재직하며 학장도 했다. 종화가 우리 가족들을 부를 때 엄마, 아버지, 삼촌 이렇게 부르면서 진짜 가족처럼 가까이 지냈고 지금도 제일 친하게 지내고 있다.

중학교 2학년 때는 4·19가 터져서 누가 데리러 와야만 집에 갈 수 있었는데 우리 아버님께서 제일 먼저 차를 보내주셔서 그 지프차를 타고 집까지 갔다. 그때 차를 타고 가면서 보았던 그 광경은 지금도 가슴에서 잊을 수가 없다. 광화문 네거리에 내 또래 학생들이 길가에 쓰러져 있고, 책가방도 널브러져 있고… 정말 어떻게 말로 다 할 수 없는 참상이었다. 중학교 3학년 때는 5·16을 겪었다. 그 아픈 역사를 눈앞에서 보았기 때문에 지금 민주화를 이룬 우리나라가 더욱 소중하고 특별하게 느껴진다.

그리고 중학생 때는 소설책을 참 많이 읽었다. 헌책방에서 책을 하루 빌리는 데에 100원 할 때였는데, 너무 재미있어서 밤을 새워가며 읽었다. 그때 읽었던 책들이 지금까지 나의 인생을 되돌아보게 한다. 특히 소설책들이 나의 마음을 사로잡았는데, 펄 벅 작가를 좋아해서 『대지』뿐만 아니라 다른 소설들도 찾아서 읽었고, 일본 소설인 『오싱』도 기억에 오래 남았다. 『오싱』은 쌀이 부족해 채를 썬 무로 밥을 지어 먹고 일곱 살의 나이에 남의 집 더부살이로 갈 만큼 가난한 집에서 자란 오싱이라는 여인이 대형

슈퍼마켓 체인점의 주인으로 성장하는 이야기를 다룬 소설이다. 나는 오싱이 80세가 넘어서도 비즈니스를 하는 모습이 멋있다고 생각했다. 내가 지금도 이렇게 열심히 일하고 있는 것도 그 소설의 영향이 아닐까 하는 생각도 해 본다.

삶의 든든한 뿌리, 교회

아주 어렸을 때부터 부모님을 따라 교회에 다녔기 때문에 나의 기억의 중심에는 항상 교회가 있다. 피난을 떠났던 제주와 진해에서도 빠지지 않고 다니면서 교회의 가치관을 자연스럽게 배우면서 자라났다. 중학교 때는 교회의 또래 친구들이 대부분 삼육중학교로 가서 혼자가 된 나를 교회 대학생 언니, 오빠들이 데리고 다녔다. 그래서 당시 대학생들이 교회에서 하던 일을 자연스럽게 함께 하게 되었다. 성가대도 같이 하고 주일학교 유년반 교사도 같이 하고 토요일에는 밥도 항상 같이 먹으면서 대학생 언니, 오빠들과 교회 봉사를 했다.

그때 청진동 교회의 대학생 리더였던 서울대 송길장 씨와 최준명 씨가 다른 대학생들에게 맡겼던 교회 일들을 나에게도 똑같이 맡겨주었던 것을 보면 나를 많이 존중해 주었던 것 같다. 그리고 김경자 언니와 선우진주 언니가 나를 많이 예뻐해서 항상 나를 챙겼다. 지금 생각해 보면 어린 나를 데리고 다니느라 수고로움이 있었을 텐데 그런 기색이 전혀 없이 친구가 되어 주었던 걸 보면 그분들도 참 순수한 마음이었구나 하는 걸 느낀다. 그 언니들과 나누던 하나님에 대한 진지한 이야기들이 부모님의 신앙이 나의 신앙으로 여물어 가는 데 중요한 영향이었으리라 생각한다. 나이에 구애받지 않고 친구가 되어 신앙 이야기도 나누고 학업 이야기도 나누고 봉사활동의 어려움도 위로해 주었기 때문에 지금도 소중한 친구로 남아 있다. 최근에도 LA에 가서 만났는데 그때 함께 했던 그 순수한 교제와 신앙생활 덕분인지 다시 그때로 돌아간 것처럼 마음을 모두 열고 편안

서울 중앙교회 성가대(1966년경).

앞 줄 왼쪽부터 송미자(큰 며느리의 어머니), 바둑이(최희숙), 강아지(강유순), 불도끄(장명희).
뒷 줄 왼쪽부터 최승국, 전수명, 남대극(후에 삼육대학교 총장), 최승관님

하게 대화를 나눌 수 있었다.

그리고 내가 중학교 1학년 때 주일학교 교사를 하면서 유년 반에 있던 초등학교 6학년생을 가르쳤는데, 그 학생이 밴쿠버에 와서 연락해 온 적도 있다. 또 그때 제자 중에 목사님이 되어 설교 시간에 나를 소개한 적도 있고, 교수님이 되어 찾아온 학생도 있었다. 나이 차이는 얼마 안 나지만 이렇게 장성한 모습을 보니 참 흐뭇하기도 하고 그 친구들의 기억 속에 좋은 선생님으로 남아 있다는 것이 얼마나 감사한 일인지 모르겠다. 돌아보면 그 학생들을 가르치기 위해 열심히 성경 공부를 하고 교회 생활도 열심히 하면서 오히려 내가 성장했던 것 같은데, 그 친구들로부터 감사 인사를 받기까지 하니 이보다 더 큰 선물이 없을 것이다.

교회의 예배에는 빠짐없이 참석했기 때문에 나에게는 교회가 집인 듯

집이 교회인 듯이 느껴진다. 교회의 여러 공간 중에서도 피아노 자리는 나에게 아주 익숙하고 친근한 자리이다. 대예배 때에는 피아노 전공자인 반주자가 따로 있긴 했지만, 그분과 함께 나도 교회의 다양한 예배 시간에 반주자로 봉사해 왔다. 교회 일을 열심히 하셨던 어머님을 따라 자연스럽게 교회 반주를 하게 되었고, 어느 때부터인가 나 스스로 교회에서 반주하는 것을 소중한 사명처럼 여겼다. 찬양하는 시간에 피아노 반주가 없으면 안 되니까 내가 해야 할 일의 우선순위에 두었다. 교인들의 찬양 소리와 피아노 소리가 어우러져서 교회당을 울리면 나도 이렇게 듣기 좋은데 하나님은 얼마나 기뻐하실까 생각하며 더 열심히 반주하곤 했다. 피아노 앞에서 목사님의 설교 말씀을 듣는 것도 좋아했다. 목사님의 설교를 들으며 아멘으로 화답하던 교인들의 온화한 목소리와 말씀대로 살고자 교회 일에 헌신하며 행복해하시던 어머님의 모습 때문에 나에게는 목사님의 설교 말씀이 아주 좋은 느낌으로 남아 있다.

이화여대 약대 친구들과 함께(1968년).

내가 대학생이 되었을 때 안식일 교회에 대학생들의 부흥이 크게 일어났다. 문선일 목사님이 선교사로 오셔서 삼일당에서 대전도회를 했는데, 그 전도회를 통해 많은 대학생이 교회로 몰려왔다. 나도 그 전도회에 열심히 다니면서 신앙을 다져가고 하나님을 깊이 만나는 충만한 시간이었다. 그런 열정들이 모여서 자연스럽게 대학생 동아리들이 만들어졌고, 나는 MV 청년모임에서 활동하면서 반주, 합창, 전도회, 봉사활동 등을 이어갔다. MV 대학생들과 함께 교회에 모여서 예배 때 합창을 하고 유년반 아이들을 가르치고 떡국을 끓여서 교회 식구들에게 점심을 대접하고 집집마다 방문하면서 전도도 하면서 다시 그렇게 하기 어려울 정도로 뜨겁게 신앙생활을 했다.

그리고 안식일 교회에 다니는 서울 지역 대학생들 모임이 있었는데 거기서 부회장도 하면서 서울시 연합 임마누엘 합창단 활동도 열심히 했다. 합창단이 전도회에 초대되어 합창하는 때가 종종 있었기 때문에 회기동에 있는 본부에 모여 합창 연습을 하면서 많은 대학생과 함께 신앙생활을 이어갔다. 한번은 종로 네거리에서 전도지를 나눠주고 있었는데 근처를 지나가시던 이화여대 교수님께서 나를 보고 "이화여대 배지는 좀 빼고 하면 안 되겠니?"라고 하실 정도로 교회에 푹 빠져 지냈다. 어렸을 때는 어머님 치맛자락을 잡고 교회에 따라다니는 꼬마였는데 대학생이 되어서는 스스로 토요일엔 공부도 멈추고 교회에 집중할 정도로 신앙이 성숙해 갔다.

봉사활동 중에서 가장 특별하게 남는 것은 강화도 전도회 때이다. MV 친구들 20명 정도가 팀을 꾸려서 일주일 동안 강화도 전도회를 하러 갔다. 강화도 주민들에게 하나님의 사랑을 전하고 싶다는 순수한 열망이 우리의 마음에 크게 일어났다. 그래서 집집마다 다니면서 시골 재래식 화장실

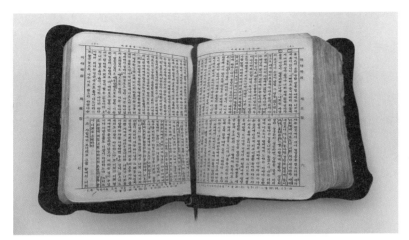

아직도 가지고 있는 그 시절 성경책 1

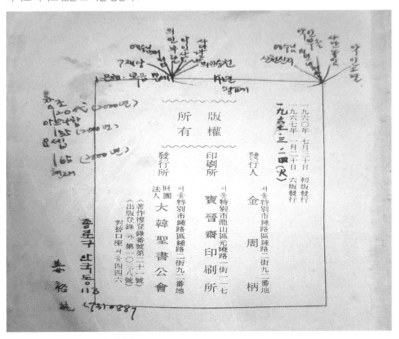

아직도 가지고 있는 그 시절 성경책 2

을 청소해 주고, 시골 농사일에 일손을 보태드리고, 어린이들을 모아 놓고 공부도 가르쳐주고 간식도 해 먹이면서 우리가 할 수 있는 최선을 다해 봉사활동을 했다. 그런 우리의 진심이 전달되었는지 저녁마다 열렸던 전도회 때에 주민들이 많이 참석했다. 성경 말씀도 알려드리고 함께 예배도 드리면서 하나님을 전했다. 지금도 여름에 풀벌레 소리가 들릴 때면 더운 줄도 모르고 뜨겁게 봉사활동을 했던 강화도에서의 풍경이 떠오른다. 큰 행사에서 말을 해야 할 때가 종종 있는데, 많은 사람 앞에서 떨지 않고 말할 수 있는 담력은 아마도 이때 말씀을 전하며 길러지지 않았나 생각한다.

이화여대에는 학교 전체 채플도 있고 단과 대학별 채플도 있었는데, 약대 채플 때에 내가 강단에 나가서 성경 이야기를 하면 학생들은 재미있게 듣곤 했다. 당시 나의 삶의 1순위가 교회였고 교회에 집중하여 살다 보니 성경을 가까이하며 좋아하게 되었고, 자연스럽게 성경 이야기를 잘할 수 있게 되었다. 그러다 보니 점심때마다 성경 말씀을 함께 읽고 나누는 SDA 학생회를 만들기도 했다. 성경 말씀을 삶에 적용하려 함께 노력하는 과정을 모임 때마다 나누면서 말씀이 살아있음을 체험했다. 그리고 그 과정에서 서로를 위해 기도해 주면서 응원을 전하기도 했다. 그때 성경을 얼마나 열심히 읽었는지 가지고 다니던 작은 성경책이 너덜너덜해졌다. 1년에 1~2번씩은 통독했으니 항상 내 손에는 성경책이 들려 있었다고 해도 과언이 아니었다. 얼마나 열심히 성경을 읽었던지 교회에서 하는 성경 공부 중 가장 높은 단계까지도 수료할 수 있었다. 어렸을 때 할아버지께서 성경책을 맛있게 읽곤 하셨는데 할아버지의 심정을 깊이 공감하는 시간이었다.

내가 교회에 이렇게 열심히 다니게 된 데는 어머님의 영향력이 가장 컸다. 어머님께서는 내가 어렸을 때부터 몸이 약해서 집에 계실 때는 자주방에 누워계셨지만, 교회에서는 어디서 그 힘이 나셨는지 교인들의 국수를 삶고, 김치를 몇 통씩 거뜬히 해 나르셨다. 교회 건축헌금으로 5억을 내놓으시는 등 기부도 많이 하셨고, 거지 아이들을 데려다 먹이고 학교에 보내시면서 교회에서 배운 말씀대로 살던 분이셨다. 그래서 바로 곁에서 어머님의 삶을 보며 닮아갈 수밖에 없었다. 그런데 대학에 다닐 때는 어머님께서 병원에 오래 누워 계시던 때이기도 했다. 세브란스 병원에서 허리 수술을 4번이나 하셔서 거의 병원에서 사시다시피 해서 아버님과 함께 아침에 학교 가기 전 세브란스 병원에 들러서 어머님께 아침 인사를 하고 학교 끝나면 퇴근하신 아버님과 함께 다시 병원으로 가서 어머님을 보고 집으로 오는 게 일상이었다.

대학교 2학년 때 한번은 어머님이 수술받으시다가 돌아가실 뻔했던 때가 있었다. 그때 얼마나 당황스럽고 힘들었던지 문을 열고 잠그고 하는 사소한 일들도 손이 떨려서 제대로 하지 못했다. 그 위태롭던 순간에 온 교회가 우리 어머님을 위해서 기도하기 시작했고, 교회 청년들은 병원으로 직접 찾아와 함께 기도했다. 새벽마다 찾아온 분도 계셨다. 그 기도의 간절함이 하늘에 닿았는지 놀랍게도 우리 어머님이 위기를 넘기시고 다시 살아나셨다. 그때의 그 감격은 이루 말할 수 없다. 어머님의 일을 통해 다른 사람을 위해 기도하는 중보기도의 힘을 체험한 후로는 나도 교인들의 어려움을 들을 때면 발 벗고 달려가 기도로 돕곤 했다.

기도의 힘과 기쁨을 알아가던 때였기에 새벽기도회도 열심히 다니곤 했다. 안국동에서 창진동까지 찬송가를 부르면서 새벽길을 걸어서 교회를 오갔다. 아침잠이 많았는데도 새벽기도회 주간에는 빠지지 않고 다녔던 걸 보면 기도의 재미를 새롭게 발견해 가던 때였나 보다. 새벽 4시에 일어

나서 교회로 가는 길에 "오늘은 하나님과 어떤 대화를 할까?" 기대하며
설레는 마음이 커서 캄캄한 길을 걸어 다녔어도 힘든 줄도 무서운 줄도
몰랐다. 그렇게 순수한 마음이어서 더 기쁜 시간이었던 게 아닐까 생각한
다. 그 당시 새벽마다 남동생과 함께 삼청동 공원에 갔다. 꼭대기까지 올
라가 운동도 하고 약수터에서 물도 마시고 거기서 팔던 순두부도 사 먹었
다. 지금도 나는 매일 새벽에 일어나는데, 어렸을 때의 추억 때문인지 마
음과 영혼이 맑아지는 새벽 시간을 아주 좋아한다.

교회와 성경 말씀은 내 삶의 바탕을 이루었다고 해도 과언이 아니다.
부모님의 영향으로 교회를 다니기 시작했지만, 교회에서의 경험을 통해
세상을 바라보는 시선과 마음가짐, 삶의 태도 등 지금까지도 나의 삶을
든든하게 받쳐주는 기본바탕을 다질 수 있었다. 하나님의 사랑을 배우는
과정에서 타인에 대한 신뢰와 애정을 키울 수 있었고 나의 삶에 대한 소
명 의식과 해야 할 일들에 대한 사명감도 조금씩 자리 잡아 갈 수 있었다.

인생의 전환점이 된 이스라엘 방문

대학교 4학년 때 한국 대학생 대표로 이스라엘에서 열린 세계 대학생
축제에 참석했던 경험은 내 인생의 중요한 전환점이 되었다. 해외 유학에
관심이 없던 내가 그 필요성을 느끼게 되었기 때문이다. 세계 각국의 대학
생들을 한자리에서 만날 수 있었던 특별한 경험은 나의 시야를 넓혀줬고,
내가 우물 안 개구리였음을 깨닫게 했다. 물론 그 이전에도 교회를 통해
외국인 선교사님을 만났던 적도 있고, 가까운 사촌들은 이미 해외 유학을
떠났기에 간접적으로나마 외국을 접할 기회는 있었다. 그러나 이스라엘
방문을 통해 외국은 내 삶에 생생하게 다가오는 세계가 되었다.

이스라엘에서 세계대학생대회를 개최한다는 공문이 왔을 때 약학대학
교수님께서 학생 대표로 나를 추천하셨다. 그런데 비용이 3천 달러 이상
이 들었기 때문에 참석을 결정하기가 쉽지 않았다. 실제로 어머님께서는
비용 때문에 고민하셨다. 하지만 아버님께서 주저 없이 바로 가라고 지원

이스라엘에서.

이스라엘 여행 떠날 때(1968년). 장선영, 김명신, 김정한 학생처장님(가운데)과 함께.

해 주신 덕분에 이스라엘 방문단의 일원이 될 수 있었다. 이화여대에서는 나와 청량리 정신병원 원장님의 딸인 미술대학의 장선영, 고려대 김상엽 총장님의 딸인 영문과의 김명신, 서울대에서는 외교학과 홍순길 이렇게 4명이 한국 대학생 대표단이 되어 이스라엘로 출발했다.

이화여대 김옥길 총장님께서 우리를 대표단으로 보내시면서 여학생들만 보내는 게 걱정되어 학생처장이셨던 김정한 교수님이 우리와 동행할 수 있도록 조처해 주셨다. 김정한 교수님은 매우 엄한 분이셔서 처음에는 무서워했다. 하지만 이스라엘에서는 우리를 얼마나 살뜰히 챙겨주시던지, 참 따뜻한 분이셨다. 출국에 앞서 아버님께서는 명동에 있는 양장점에 나를 데리고 가셔서 여러 벌의 옷을 맞춰 주셨다. 같이 간 친구들은 외국에서 옷을 사 입을 생각으로 몇 벌 안 챙겨갔는데, 마땅한 옷을 사지 못해 며칠 같은 옷을 입기도 했다. 그때 찍은 사진에서 멋진 옷차림을 한 나를 볼 때마다 아버님의 사랑이 특별했음을 새삼 깨닫게 된다.

세계 각지에서 모여든 학생 방문단은 관광버스 2대에 가득 찰 정도로 규모가 컸다. 이스라엘의 첫인상은 오렌지였다. 한국에서는 본 적도 없던 오렌지가 아침 식사로 나왔는데, 어떻게 먹어야 할지 몰라 난감하던 차에 옆자리에 앉은 유럽 학생이 오렌지를 까서 먹는 시범을 보여주었다. 그 모습이 얼마나 인상적이었는지 지금도 잊히지 않는다. 그리고 가장 인상 깊었던 일정은 '성지 순례'였다. 예수님이 탄생하셨던 베들레헴에서부터 이집트 시내산, 광야와 이집트 성지까지 모두 방문했다. 특히 예수님이 돌아가셨던 십자가 앞에서는 펑펑 울 정도로 당시 교회에 빠져 있던 나에게는 심장이 떨릴 만큼 특별했던 일정이었다. 예수님의 여정을 내 발로 밟으며 다니고 있는 것이 마치 내가 예수님과 동행하며 대화를 나누고 있는 것 같았다. 아직도 그곳에서의 풍경과 느낌이 생생하다.

　그리고 세계 여러 나라 학생들이 모이는 자리였으니 문화 교류의 시간도 있었다. 몇천 명이 모이는 큰 공연장에서 대학생 대표단들이 각기 자기 나라의 전통문화를 알릴 수 있는 공연을 열었다. 우리도 이스라엘에 오기 전에 미리 레슨도 받으면서 공연을 준비했는데, 우리 교회 합창단 지휘자 이기종 선생님께 노래 레슨을 받고, 민속춤도 배우며 열심히 공연 준비를 했다. 전공 분야가 아니었기 때문에 잘하지는 못했지만 그래도 최선을 다해서 준비했다. 우리를 무대에 올려놓고 김정한 교수님께서 얼마나 마음을 졸이셨는지 땀을 비 오듯 흘렸다고 하셨다. 우리나라를 대표해서 세계에 대한민국을 알린다고 생각하니까 얼마나 가슴이 벅차던지! 곱게 준비했던 한복을 차려 입고 연습했던 아리랑 공연을 하러 무대에 올라갔다. 떨리는 마음으로 시작했지만, 세계 여러 나라에서 온 수천 명의 관중이 우리를 바라보는 눈빛을 보면서 자신감과 열정이 끓어오르는 것을 느꼈다. 그때 세계와 호흡한다는 것이 무엇인지 처음으로 알게 되었다. 다른 나라의 학생들과 2주 동안 같이 다니며 대화를 나누는 동안 더 많은 세계를 알고 싶고 공부하고 싶다는 열망을 갖게 되었다.

　그때 대화를 나누었던 학생 중에 프랑스에서 온 남학생은 식사 때마다 내가 기도하는 모습이 참 좋다며 편지를 보내기도 했고, 일본에서 온 남학생도 버스에서 계속 내 옆자리에 앉고 싶어 했다. 하지만 김정한 교수님께서 우리를 도끼눈을 뜨고 지켜보고 계셔서 아쉽게도 따로 만날 기회를 가질 수가 없었다. 이스라엘 일정 동안 다른 나라 대학생들은 그들끼리 커플도 여럿 생겼는데,　교수님께서는 남학생들이 우리 옆자리에 앉지도 못하게 하실 정도로 우리를 안전하게 지켜주셨다.

이스라엘 일정을 마치고 돌아오는 길에는 김옥길 총장님의 배려로 스웨덴, 덴마크, 프랑스, 영국, 이탈리아 등 유럽 여행도 할 수 있었다. 당시 외국에 나가는 일이 흔치 않던 시절이었기 때문에 우리에게는 매우 소중한 시간이었다. 그리고 총장님께서 우리가 방문하는 나라의 대사관에 미리 연락을 해주신 덕분에 대사님들이 공항에 직접 나와서 우리를 환영해 주시고 집으로 초대해서 식사도 함께하는 특별한 경험도 할 수 있었다. 유럽을 여행하는 동안 당시 한국에서는 볼 수 없었던 선진 문물과 시민 의식 등을 직접 경험할 수 있었던 것이 나에게 큰 의미였다.

한국에 들어와서는 이스라엘에 다녀온 소감을 발표할 기회가 여러 번 있었다. 이화여대 전교생 채플을 비롯하여 여러 대학 채플에 초청받아서 다녀오기도 했다. 발표를 준비하면서 내 생각을 정리하고 유학을 떠나겠다는 다짐을 굳건히 했다. 발표한 내용의 핵심은 "세계로 시야를 넓히자!" 였다. 한국이라는 좁은 세계에 갇힐 것이 아니라 넓은 세계가 존재한다는 것을 인지하고, 특히 선진국에서 발전의 비결을 배워갈 때 우리나라도 나와 함께 성장해 갈 수 있음을 경험을 통해 배웠다.

그 후로 아버님의 전폭적인 지원을 받아 토플과 유학 시험 준비를 시작하고 구체적인 계획을 세워나갔다. 나에게 인식의 전환점이 되었던 이스라엘 방문 경험은 지금까지 이어지고 있는 오랜 외국 생활의 초석이 되었다고 할 수 있겠다.

사랑와 평화의 길

내 남편 오강남 교수는 똑똑하고 현명한 데다 책도 많이 읽어서 나에게 삶의 지혜를 깨닫게 해주는 남편이다. 어려운 이야기도 쉽고 재미있게 전해주는 재주가 있어서 웃으며 대화를 나눈 것뿐인데 생각이 정리되고 마음이 편안해지는 것을 느끼곤 한다. 이런 남편이 더 많은 사람에게 좋은 영향력을 끼칠 수 있는 사람으로 성공하도록 내가 뒷바라지를 잘 해줘야겠다는 생각으로 50여 년을 함께 하고 있다.

남편을 처음 만난 것은 대학생 때 안식일 교회 서울 전체 대학생회에 참여했을 때였다. 나는 학생회 부회장이었고 남편은 고문이었다. 함께 학생회 활동을 하면서 자주 만나게 되고 신앙에 관한 대화도 많이 나누면서 자연스럽게 친해졌다. 남편이 삼육 중고등학교 교편을 잡고 있을 때 우리

1970년 5월 10일 종로예식장.

외숙모님도 함께 학교에 계셨는데 같은 교사로 일하면서 남편을 좋게 본 외숙모님이 우리 식구들에게 남편을 결혼 상대로 추천했다.

우리 부부는 1969년 8월 14일에 약혼하고 이듬해 5월 10일에 결혼했다. 약혼 기간에 함께 데이트했던 달콤한 추억이 많다. 주말이면 둘이서 백운대, 북한산, 도봉산 등 등산을 하고 친구들과 함께 여행도 많이 했다. 남편은 책을 많이 읽으니까 이야기가 끊임이 없었고 많이 웃겨 주기도 해서 함께 있으면 시간 가는 줄 모르고 대화를 나누었다. 또한 남편이 내 친구들 모임에도 참석해서 재미있는 이야기를 많이 나눴는데, 친구들이 그런 남편을 멋있다고 칭찬해 주니 나에게도 더 멋있게 느껴지기도 했다.

우리 결혼은 어른들과 교회로부터 축복을 많이 받았다. 나도 남편도 어른들 말씀을 잘 듣고 교회 일도 열심히 하고 공부도 잘하는 모범생이었다. 그래서 어른들의 사랑을 많이 받으며 자라왔던 터라 우리 둘의 만남은 마치 정해져 있었던 듯이 생각하시는 어른들이 많았다. 선남선녀의 결혼이라며 기뻐해 주시는 분들의 애정 어린 관심과 축하 속에서 결혼 생활을 시작할 수 있었다.

결혼하고 남편을 가까이에서 보니 그 영민함이 더욱 특별하게 느껴졌다. 기억력도 훌륭한 데다 항상 책을 읽고 있는 모습에 존경의 마음이 자연스레 생기곤 했다. 특히 남편이 읽고 있는 책의 내용을 자기 생각과 함께 들려줄 때면 더없이 행복했다. 이를 통해 남편은 이과생이었던 나에게 인문학적 사유의 즐거움을 알려주었고 인간의 삶의 의미를 깊이 있게 생각할 수 있게 이끌어 주었다. 그 모든 대화는 우리의 일상에서 아주 자연스러우면서도 재미있게 이루어졌기 때문에 나는 그의 매력에 편안히 스며들었던 것 같다. 그 시간 동안 나는 세상을 바라보는 시야도 넓어지고 우리가 함께 꾸려갈 미래를 그려볼 수 있어서 참 좋았다.

특히 나는 교회 교리에 맹목적으로 빠져 있었는데 종교학자로서 남편은 생각이 달랐다. 남편은 표층 종교가 아닌 심층 종교의 신앙인이 되어야 한다고 강조했다. 교리나 율법과 같은 형식에 얽매이지 말고 내가 가지고 있는 선입견에서 벗어나 깨달음에 이르는 것이 중요한 것임을 일깨워주었다. 결혼하고 나와 함께 교회에 다니면서도 남편은 나의 교회에 대한 고정관념을 바꾸려고 노력을 많이 했다. 어떤 때는 내가 자고 있는데 옆에서 무슨 말을 열심히 하고 있어서 뭐하냐고 물었더니 나의 무의식에게 참된 종교를 알려주고 있다고 한 적도 있었다. 그런 남편의 노력 덕택에 나는 교회 교리에서 자유로워질 수 있었다. 매주 교회에 출석하지 않거나 교회에서 금지하는 음식을 먹는 것에 대해 죄의식이 있었는데 그런 의식에서 벗어날 수 있었다. 이점 참 고맙게 생각한다. 중요한 것은 나 자신의 영적 눈이 열리고 의식의 변화를 통해 신의 실재를 체험적으로 아는 것임을 남편을 통해 알게 된 것이다.

남편의 통찰력도 특별했지만, 그의 비교종교 연구에 관해 깊이 알게 되면서 남편이 세상에 선한 영향력을 끼칠 큰 인물이 될 것이라는 확신이 생겼다. 그래서 남편이 오직 연구에만 몰두할 수 있도록 경제나 자녀 교육 등은 신경 쓰지 않아도 되게 노력했다. 사실 다른 유학생들은 아르바이트하면서 공부했지만 나는 남편이 아르바이트를 전혀 하지 않고 학위취득을 위한 공부에만 전념하도록 뒷바라지했다. 남편의 장학금이 1년에 3,600달러였는데, 세금을 제하고 한 달에 230달러를 받았다. 그때는 커피한 잔에 25센트, 우표가 4센트 그리고 시장에 가서 카트에 가득 담길 정도로 장을 봐도 15달러밖에 안 될 때였다. 다행히 파트타임으로 일하고 보태서 재정적 어려움이 없이 살아갈 수 있었다. 어린아이들을 키우면서 파트타임으로 일을 하는 것은 쉬운 일이 아니었지만, 남편의 공부가 쌓이는 것이 나에게는 더 큰 보람이고 꿈이기도 했다.

남편도 연구에 열정적이어서 유학생 당시 세계종교학회에도 모두 참석하고, 연구를 목적으로 유럽, 중국, 일본, 동남아 등지를 돌아다녔다. 멀리 떨어져 지내야 하는 시간이 너무 길어서 가끔은 힘들 때도 있었다. 하지만 남편의 연구를 지지해 주는 일이 마치 나의 사명인 듯이 생각했기 때문에 의지를 다질 수 있었다. 그리고 아이들이 어렸기 때문에 열심히 하루하루를 살아서 외로울 새도 없이 시간이 빠르게 지나간 것 같다.

1986년에는 남편이 연구차 6개월간 인도, 티벳 등을 돌아보겠다고 떠났다가 인도에서 미친개에 물려 한 달 만에 돌아온 적이 있다. 개에 물렸으니 광견병 주사를 맞아야 하는데, 현지에서 믿을 만한 백신을 구할 수가 없어서 아주 애를 먹었다. 마음이 얼마나 조마조마했던지…. 그때 일을 생각하면 지금도 아찔하다.

광견병 때문에 정신없이 귀국하긴 했지만, 남편이 인도에서 나에게 줄 선물로 산 보석은 잊지 않고 잘 챙겨왔다. 남편은 인도에서 만난 구루 (Guru) 한 사람의 말 때문에 보석을 샀다. 내가 일찍 떠나 남편이 장가를 두 번 갈 팔자인데 그것을 원하지 않으면 캐츠아이(Cat's eye) 보석을 지니게 하라고 말했던 것이다. 로맨틱한 선물은 아니었지만, 생사가 오가는 긴급한 상황에서도 나를 생각하는 마음을 잊지 않은 남편이 고마웠다.

남편을 뒷바라지하고 싶은 나의 마음을 하늘도 알았는지 남편의 일은 순풍에 돛 단 듯이 순조롭게 진행되었다. 박사학위를 받자마자 대학교에서 강의할 수 있는 기회가 생겼고, 몇 년 후엔 리자이나대학에 교수로 부임할 수 있었다. 내가 집안의 대소사를 모두 담당했기 때문에 남편이 혼자 연구에 몰두하는 시간이 많아 책도 여러 권 쓸 수 있었다. 점점 사회적으로 지위도 높아지고 남편을 존경하는 사람들도 많아졌다. 그런 남편을 보며 고된 지난날들이 모두 보상받는 것처럼 매우 큰 보람과 기쁨을 느끼곤 했다.

남편이 대중 강연을 하면서 농담으로 "우리 집은 경제적인 일, 아이들 교육, 집 구입하는 일 등 집안의 작은 일들은 모두 집사람이 하고 나는 세계평화를 도모하는 일과 같이 큰일을 고민해 왔는데, 집사람이 이제 그 경계를 무너뜨리고 세계평화대회에도 참석하고 그래서 그 일마저 뺏겼다"고 얘기한 적이 있다. 얼마 전에 SBS Biz에서 방영한 〈토크멘터리 오강남〉 중 두려움을 주제로 한 대담에서 "박사를 마치고 교수 임용이 안 될까 봐 걱정했던 때가 있었다. 그러나 와이프가 약사였기 때문에 약국 바닥이라도 쓸면 된다는 생각으로 두려움을 없앨 수 있었다"고 장난스럽게 얘기한 적도 있다. 남편의 유머에 웃으면서 지나쳤지만, 나는 남편이 나에 대한 애정과 신뢰를 표현하고 있는 것처럼 느껴졌다.

남편의 유머는 강연할 때 더욱 빛을 발한다. 무겁고 어려운 주제의 강연 내용도 웃으면서 듣게 하는 재주가 있다. 적시적소에 유머를 사용해서 사람들의 생각을 재치 있게 바꾸는 걸 보면 참 머리가 좋은 사람이구나 할 때가 많다. 그런 남편 덕분에 함께 있으면 재미가 있고 많이 웃게 된다. 특히 다른 사람들보다 더 자주 남편의 유머를 들을 수 있는 것은 나에게 특별한 선물처럼 느껴진다.

물론 남편과 성향이 달라서 갈등이 생길 때도 있다. 나는 요리할 때 양이 넉넉해야 마음이 편해서 많이 준비하는 습관이 있다. 손님을 대접할 음식을 준비할 때는 더욱 그렇다. 그런데 남편은 한 번 먹을 정도만 하고 남는 음식이 없게 만들라고 해서 늘 다투곤 했다. 그리고 내가 가만히 있지 않고 일을 벌인다고 핀잔을 많이 받았다. 에드먼튼 집을 지을 때도 남편은 내가 혼자서 감당하기 어려운 일을 벌이는 것이 무모하다고 생각했고, 아이들에게 운동과 악기를 많이 가르칠 때도 아이들을 쉬지 못하게 바쁘게 돌린다고 반대했다. 잠자는 습관도 달라서 남편은 밤늦게까지 글을 쓰다가 2시 정도에 침대에 들어오면 나는 그때 깨서 하루를 시작했다. 그래서 우리는 침대를 거의 교대로 사용하다시피 했다. 하지만 밤과 낮, 음과 양이 서로 반대이지만 그 둘이 모두 있어야 온 세상이 조화롭듯이 서로 다른 성향이 있기에 서로의 부족한 부분을 채워주며 조화를 이룬 것이 아닐까 생각한다.

우리 부부가 성향은 다르지만 서로 긴 시간 평화롭게 살 수 있었던 비결은 '통풍결혼'에 있지 않나 생각한다. 통풍결혼이란 둘 사이에 바람이 불도록 한다는 뜻인데, 비행기로 오가는 AIR 여행을 필요로 하는 결혼이라는 뜻도 있다. 우리도 서로 떨어져 있는 시간이 많았다는 의미로 통풍결혼인 셈이었다. 아무튼 바람이 불 듯 여유로운 결혼 생활이어서 서로에게 상처를 적게 줄 수 있었다. 우리 부부는 떨어져서 지낸 시간이 많다. 1970년에 결혼해서 1973년 11월부터 1974년 5월까지 남편이 연구차 일본에 있을 때 식구들은 한국에 있었고, 1976년 9월부터 1977년 6월까지 남편이 대학교 강의 때문에 오하이오에 있을 때 식구들은 시어머님과 토론토에 있었다. 그리고 1980년부터 1981년까지 남편이 대학교 정교수가 되어 리자이나에 있을 때 식구들은 에드먼튼에 있었고, 1991년 밴쿠버로 이사하고 나서 2006년 정년으로 퇴직할 때까지 남편이 리자이나대학 강의를 하는 봄학기 석 달, 가을 학기 석 달은 떨어져 살았다. 그 후에 남편은 한국에, 식구들은 밴쿠버에 있을 때도 있었다. 일 년 중 반은 남편 혼자 학교에서 살고 반은 집에 와서 함께 살았다. 음식은 방학 때 집에 왔다가 학교로 갈 때 3개월 밑반찬을 싸서 보냈다. 의도했던 것은 아니지만 남편의 일 때문에 떨어져 지내는 시간이 생기면서 결혼 생활에서 숨을 돌릴 수 있는 여유가 자연스럽게 생겼다. 그래서 우리 부부는 유행어에 나오듯 '헤어지면 그립고 만나면 시들하고'였다. 그런데 지금 돌아보니 그런 여유가 있었기에 다른 점이 많은 우리 부부가 지금까지도 잘 사는 것이라 생각한다.

남편과 함께 한 시간 중 가장 행복한 시간을 꼽으라면 단연코 '가족 여행'이라고 할 수 있다. 남편과 나는 여행을 좋아해서 여름 두 달간은 캠핑을 떠났다. 아이스박스에 재료를 가득 채우고 가서는 캠핑카 안에서 한국음식을 만들어 먹었다. 아이들이 지루해할까 봐 옛날이야기도 많이 들려주고, 지나가는 차 숫자 맞추기 게임도 하고, 해가 지면 캠프파이어도 했다. 바비큐를 해서 먹고 아이들이 마시멜로와 옥수수, 감자 등을 구워 먹

을 염려하시는 어머님께 저의 생각이 어머님의 생각과 어느 면에서는
달라도 전혀 염려하실 바가 없다는 것을 끝내 확신시켜 드리지 못한
것 같기 때문입니다. 하나님께서 어머님의 마음을 위로하시고 아들에
대한 어머님의 크신 사랑에 후히 보답해 주실 것만 바랄 뿐입니다.
　　무엇보다도 제 머리에, 가슴에, 팔에 변하지 않는 힘을 넣어 준 이,
인생길에 반려자로서 세 아들을 같이 키우는 동역자로서만이 아니라
구도의 길에 더 바랄 수 없이 아름다운 '길벗'으로 끊임없는 슬기와
용기의 원천이 되어 주는 이, 전에는 우리가 가는 목적지의 번지수가
다를 것이라 각오하고 있었는데 이제 그것이 천국이든 지옥이든 도
솔천이든 'nowhere'이든 분명 같은 곳이 될 것이라고 생각하면……
아, 그대에게 복이 있으라!

　　　　　　　　　　1981년, 캐나다 리자이나 대학 한 모퉁이에서

　　　　　　　　　　　　　　　오　강　남

남편 저서의 서문 중에서.

으면서 뛰어놀았던 시간이 정말 행복한 기억으로 남아 있다. 아침에 캠핑
카 침대에서 아이들이 자는 동안 다음 목적지를 향해서 출발했다. 바다에
가면 바다낚시를 해서 생선을 썰어서 말린 후 집에 가져오려고 했는데 말
리는 동안에 먹성 좋은 아이들이 다 먹어 버리기도 했다. 그리고 별이 쏟
아지는 밤하늘 아래에서 타닥타닥 장작불 타는 소리를 들으며 가족들과
이야기를 나누다 보면 어느새 마음속 이야기도 술술 나오곤 했다. 남편은
떨어져 지낸 시간을 메워주듯 나와 아이들의 이야기를 오래오래 들어주
었다. 그때 나누었던 이야기들이 나와 우리 아이들이 살아가는 삶의 지혜
가 되고 위로가 되었으리라 생각한다.

남편이 나에게 보낸 편지

1981년 3월 20일 금요일 1:40 p.m.

당신!

어제 편지 고마웠소. 온몸이 사랑에 온통 녹아지는 듯하다는 말을 들으니 내 몸도 녹아지는 듯했소. 이렇게 하다가 둘이 다 녹아져 버리면 아이들은 누가 키운담. 그러나 눈사람 녹듯이 다 녹아지는 것이 아니라 우리 속에 있을 수 있는 찌그러기 같은 것들이 있었다면 그런 것들이 다 녹아버리고 순결하고 아름다운 사랑의 화신으로 남게 되는 것이라 확신하오.

사랑하는 당신. 어젯밤 전화 받아왔소. 모두 무고하다니 안심이오. 부디 당신 몸 잘 돌보도록. 오늘 강의에서도 이야기했지만, 만사는 independent가 아니라 interdependent. 모두 서로 관계를 맺고 있는 것. 당신이 건강하고, 행복하고, 싱싱하고, 아름답고, 선하게 되는 것은 당신만의 일이 아니라 우리 모두의 안녕과 행복에 직결되는 것이라는 것. 당신을 돌보는 것은 우리를 돌보는 것…

이제 또 주말이오. 후딱후딱 지나가니 좋기도 하고 서글프기도 하고, 이제 두 달 남짓 있으면 난 40代로 들어서는 달. 30代를 하직하다니 어질어질해지는 기분이오. 그러나 연륜이 더 하면서 정신적으로 영적으로 성숙해가도록 노력하고 그 결실을 얻을 수 있을 것이라는 생각으로 위로를 받소.

당신 편지 보냈다는 것(유진 유민 성적표에 대해 쓴 것) 아직 못 받았소. 하지만 그놈들이 그렇게 공부를 잘했다니 듣기에 반갑소. 3총사로 훌륭히, 우리의 최선을 다해 우리에게 맡겨진 그놈들을 "help them develop their potential" 하도록 합시다. 아빠를 대신해 그놈들에게 congratulations!! 해주기 부탁하오.

거기에 날씨가 추워진다니… 하지만 3월 말이니 추원들 그렇게 맥을 쓰겠소? 그러나 모두 건강하고 감기 들지 않게 되기 기도드리오.

아까부터 변소에 가고 싶은데 참고 있는 판. 여기서 오늘은 bye bye하고 또 쓰기로 하면서.

Regina에서 당신의 사랑에 녹아지는 당신의 그것!

나에게는 아들 셋이 있다. 1971년생 첫째 유진이는 미국 보스턴, 1974년
생 둘째 유민이는 캐나다 밴쿠버, 1980년생 셋째 유현이는 미국 뉴욕에서
살고 있다. 어렸을 때 이사를 자주 했기 때문에 전학을 여러 번 했는데도
적응도 잘하고 공부도 잘하고 부모 말도 잘 듣는 착한 아이들이었다. 지
금 돌아보면 못해 준 게 많고 아쉬운 것도 미안한 것도 많은데, 그럼에도
불구하고 아이들이 잘 자라주어 감사한 마음이 크다.

아이들이 어렸을 때는 악기와 운동을 가르치는 데 열정을 쏟았다. 한
국과 달리 캐나다에서는 예체능 교육이 중요시되기도 했고 아이들의 평
생의 재산이 될 것이라는 생각으로 많은 정성을 투자했다. 바이올린, 피아

나이아가라(Niagara) 폭포에서.

해리슨 온천.

노, 클라리넷, 수영, 축구, 야구, 하키, 태권도, 미식축구, 레슬링, 관악대 등 어렸을 때 배움의 기회를 많이 주기 위해 최선을 다했다.

저녁 식사를 한 후에 한 놈씩 곁에 끼고 피아노 연습을 시켰다. 우리 어머님이 교회 반주자이셔서 나에게 피아노를 가르쳐 주셨는데, 나도 우리 아들들에게 각각 한 시간씩 피아노를 가르쳐 주었다. 피아노 선생님도 최고로 좋은 선생님을 모시기 위해 노력을 많이 했고, 바이올린은 스즈키 방식이라고 엄마가 배워서 아이들을 가르치는 방식으로 아이들을 가르치기 위해 많은 공을 들였다. 막내는 기저귀 찼을 때부터 바이올린을 시켰는데, 어려워하지 않고 스펀지처럼 쏙쏙 배우곤 했다.

하키 운동도 경기장을 빌려야 하니까 그 시간에 맞춰 아이들을 데려다주고 데리고 오는 일도 신경 써서 했다. 어떤 날은 새벽 4시에 나가야 해서 눈도 제대로 뜨지 못한 아이들을 차에 태우기도 했다. 악기 연습을 할 때는 학교에서 내준 숙제도 뒤로 미뤄야 할 때도 있었다. 가끔은 이렇게까지 해야 할까, 아이들을 힘들게 하는 것은 아닐까 고민하기도 했다. 하지

밴쿠버 집에서 둘째 아들(유민) 가족과 함께.

만 우리 아이들이 나중에 도움이 크게 되었다며 고마워해 주고, 막내는 대학에 가서 바이올린을 부전공으로 할 정도로 수준급으로 즐기게 되어서 힘들게 노력한 보람이 있기도 했다.

유진이와 유민이는 피아노를 곧잘 치곤 해서 레슨비가 아깝지 않았다. 특히 유민이는 좀더 적극적이어서 여러 피아노 대회에 나가 상도 많이 받았다. 유민이는 운동에도 소질이 있어 풋볼 선수로 퀸즈대학에서 장학금을 제안해 올 정도였다. 레슬링도 잘했는데, 레슬링 경기를 위해 체중을 줄인다고 쓰레기봉투를 몸에다 두르고 뛰어다니기도 했다. 유민이는 야구도 하키도 시키는 것마다 잘해서 흐뭇한 기쁨을 주곤 했다.

음악에서는 유현이가 가장 두각을 보였다. 아기 때는 형들 피아노 레슨 때에 데리고 다녔다. 형들이 피아노를 치고 있으면 피아노 페달을 만지면서 기어 돌아다녀 선생님에게 싫은 소리도 들었다. 그래도 아기 때부터 데리고 다녔던 덕분인지 리자이나 뮤직 컨서버토리(Music Conservatory)의 바이올린 선생님이자 오케스트라 지휘자였던 캐시안(Kassian) 선생님이 유현이가 절대음감(Perfect Pitch)일 뿐만 아니라 곡을 잘 외우고 가르치는 것을 쉽게 잘 익힌다면서 IQ 검사를 제안했다. 실제로 검사를 했더니 천재라 할 만큼 IQ가 높게 나왔다. 캐시안 선생님이 유현이를 잘 가르쳐 주셔서 유현이의 바이올린 실력이 일취월장했는데, 네 살 때는 바이올린 독주로 오케스트라와 협연을 할 정도였다. 각종 대회에서 상도 많이 받았는데 시상대에서 트로피를 혼자서 들지도 못하는 조그만 꼬마라서 선생님이 같이 올라가서 트로피를 들어주기도 하고, 밴쿠버에 와서는 중학교 다니면서 음악 콩쿠르에 나가서 음대 대학생들과 겨루어 수상하기도 했다.

악기와 운동을 가르치는 데 가장 열정을 쏟았지만, 아이들의 대학 진학에도 신경을 많이 썼다. 첫째 유진이는 리자이나에서 캠블 컬리지엣 고등학교에 다녔다. 성적도 우수하고, 피아노, 클라리넷, 축구, 야구도 시키는 대로 잘해냈기 때문에 늘 든든한 장남이었다. 그런데 우리가 살던 동네가 농사짓는 시골에 있어서 아이들이 대학 진학에는 크게 관심이 없었다. 졸업한 후에는 농사를 지을 아이들이 대부분이어서 고등학교 때부터 일하는 아이들도 많았다. 그리고 열여섯 살 이상은 독립을 하는 것을 당연시하는 문화여서 우리 유진이도 친구들과 똑같이 일했다. 버스 보이라고 웨이터 밑에서 잔심부름하는 일을 했는데, 학교 공부에 예체능 수업도 하면서 일까지 하려니 시간이 부족할 수밖에 없었다. 유진이가 일을 마칠 때까지 레스토랑 앞에서 기다리면서 안쓰러운 마음에 얼마나 울었는지 모른

손자 오웬과 함께.

우리 집에서 식구들과.

다. 다음 날 시험을 치러야 할 때도 자정까지 일했으니 속이 까맣게 타들어 갔다. 그래도 다행히 성적이 좋게 나왔고 무사히 UBC에 진학할 수 있었다. 그때 마음을 졸이긴 했지만 스스로 자기 삶에 책임지겠다는 독립심과 일도 학업도 악기와 운동까지 모두 잘 해내는 끈기를 보여준 유진이가 얼마나 기특하고 고마운지 모른다.

막내 유현이는 학교 선생님들이 항상 월반을 권할 정도로 늘 우수한 성적을 유지해 왔고 중학교 졸업 때에도 전체 수석을 했다. 성적, 과외 활동 등 모든 학교생활을 통틀어 가장 우수한 학생이라며 졸업식 때 제일 마지막에 상을 받으며 졸업을 한 것이다. 졸업식에 나 혼자 참석해서 그 모습을 사진에 담으려고 분주히 움직였던 기억도 있다. 공부를 잘하는 아이인데다 시골에서 살면서 형들에게 해주지 못한 교육을 받게 해주고 싶

멕시코 가족 여행.

어서 사립 고등학교에 보냈다. 밴쿠버섬 던컨(Duncan)에 있는 브랜트우드
(Brentwood) 고등학교였다. 유현이는 친구들과 떨어져 지내야 하니 가기
싫어했다. 그래도 시험이나 한번 보자고 달래서 면접을 보게 했다. 인기가
좋은 학교라 대기자가 많았는데도 면접 성적이 좋았는지 바로 입학 허가
를 받았다. 고등학교에서도 좋은 성적을 거두고 미국의 예일대학으로 진
학하고 이후 골드만 삭스 취업에 성공해 우리의 자랑이 되어 주었다.

　하지만 유현이는 고등학교에서의 기억을 "배드 메모리(Bad Memory)"라
고 했다. 백인 상류층 아이들만 있는 데다가 거기에 온 아이들은 중학생
때부터 이미 친한 아이들이어서 적응하는 게 쉽지 않았던 것 같다. 한참
지나서야 그 이야기를 듣고 어찌나 마음이 아프던지…. 지금도 생각하면
눈물이 난다. 그래도 엄마가 걱정할까 봐 말도 안 하고 끝까지 잘 참아내

막내 아들 유현과 함께.

루이스 호수에서.

록키 산에서.

준 우리 유현이가 대견하고 고맙기만 하다.

아이들이 아주 어렸을 때는 한방에 다 같이 데리고 잤다. 사랑을 듬뿍 주면서 커야 한다는 생각에 캐나다 부모처럼 애들을 따로 재우거나 정확한 시간에 먹이고 재우지 않았다. 아이들이 편안함을 느끼면서 먹고 자고 부모 품에서 충분히 안정감을 느끼면서 자라는 것이 건강한 양육이라고 생각했다. 덕분에 우리 부부 침대는 애들이 오줌을 싸서 항상 지도가 그려져 있곤 했다. 유진이는 아기 때 우리가 재우기 위해 불을 끄면 더 놀고 싶어서 "불켜불켜"를 외쳐서 다 같이 잠을 설치기도 했다. 주변에서 캐나다식으로 아이들을 키워야 한다는 조언 때문에 크립(Crib)이나 플레이팬(Play-pan)도 다 사다 두고 거기에서 재우는 것을 시도해 보기도 했다. 그런데 유민이가 울다가 크립에서 떨어지는 바람에 마음이 약해져서 다시 같이 자기 시작했다. 그때 얼마나 놀랐는지 심장이 멎는 줄 알았다. 떨어

멕시코 가족 여행(2018년 12월 25일).

졌어도 크게 다친 곳 없이 자라주어 참 다행이라 생각한다.

그리고 아이들이 학교에 들어가기 전까지는 한국어와 한글만 사용하게 했다. 나중에 아이들은 학교 들어가서 영어를 배우느라 힘들었다고 투덜대긴 했지만, 그 덕분에 우리 아이들이 한국어를 잊지 않고 사용할 수 있는 바탕이 되었다고 생각한다. 위니팩에 살 때니까 유민이가 3살쯤 되어서 한창 말을 배울 때인데, 할머니와 통화하는 걸 녹음해 둔 게 있다. 우리 시어머님이 "유민아 엄마 뭐하니?"라고 묻자 유민이가 "엄마는 지금 아빠 빤스 빵구난 거 꼬매고 있어요"하고 한국말로 대답하는 내용이었다. 그걸 다시 들을 때마다 어찌나 웃음이 나는지! 한국에 가면 국어책을 사와서 아이들에게 가르쳤는데 한 달 정도 가르치니까 한글은 금방 떼었다. 그렇게 아이들이 한국어와 한글을 기억할 수 있게 노력을 많이 했다. 물론 지금은 영어를 더 많이 사용하긴 하지만 그래도 여전히 듣는 것은 잘한다.

일과 육아를 병행해야 하다 보니 아이들을 데이케어(Day-Care)에 보내기도 하고 베이비시터에게 맡기기도 했다. 토론토에 살 때니까 큰 애는 어느 정도 컸고 형이라 의젓한 면이 있어서 심하게 울지 않았는데, 작은 애는 어찌나 우는지…. 출근해야 하는데 엘리베이터까지 쫓아 나와서 "엄마 언제 와"를 거듭거듭 외치면서 다리를 붙들고 울었다. 겨우 아이를 떼어놓고 출근할 때면 내가 이렇게까지 해야 하나 싶어서 눈물을 펑펑 쏟곤 했다. 아이들을 키우려면 내가 경제적 기반을 잡아야 한다는 생각으로 열심히 살긴 했지만, 우는 아이들을 떼어놓고 나오는 게 가장 가슴이 아팠다. 아이들이 다 큰 후에 "너희들이 그렇게 우는데 엄마가 일하러 나가서 미안했다"고 말한 적이 있다. 그랬더니 아이들은 기억도 안 난다며 괜찮다고 했다. 일하는 엄마여서 아이들을 온전히 돌보지 못한 게 가슴이 아프고 미안하기만 한데 이렇게 잘 자라주어서 너무나 고마운 마음뿐이다.

남편이 아이들에게 보낸 편지

October 1, 1980

Dear Eugene and Dennis, my dear sons.

Thank you very very much for your wonderful letters, which were full of love, love, and...

Yes, I miss you guys, too. I will be there in exactly 10 days. Maybe I might be there earlier than this letter. I am glad to hear that you like your new school. They are kind to you because you are good boys. Be kind to them too.

It is good for you to take piano lessons. Don't give up your violin, though. You can do both. Ask Mom to give you practice on both. You are doing good job, Eugene and Dennis. I am proud of you both, and Jason. I am the Father of three excellent young men, you guys!

Dennis, I have put your sunflower seeds on the shelf in my office, and whenever I see them, I think of you. I have also put your letter on the wall. I showed it to others, too. They all laughed especially because of your cute picture of you and me. They admired your neat handwriting too.

Eugene, you are a really great boy, baby-sitting Jason, and playing with Dennis. Say hellow to your teachers for me. I will your letter on the wall, too.

Jason, nice baby! Grow fast and healthy. I will see you soon. (Read this to Jason! Eugene or Dennis.)

All you boys. Be good to each other and help Mom in all the possible ways!

Good-bye, See you soon!

With Love and Big Hug Dad

6:00 p.m.

Oct. 1. 1980

3. 나의 신앙의 근원, 하나님을 만나다

　나의 신앙은 기독교에 근원을 두고 있다. 내 인생의 가장 깊은 심연에 있는 하나님에 대한 믿음은 삶의 원동력이자 중심이 되고 있다. 기쁜 일이 있어도 힘든 일이 있어도 하나님은 항상 나와 함께 하신다는 신뢰가 있기 때문에 어떤 일을 겪더라도 감사한 마음으로 살아갈 수 있다. 그리고 하나님이 나에게 베푸신 한없는 사랑과 은혜가 너무나 벅차서 나의 이웃에게 흘러가게 해야 한다는 생각을 한다.

　이런 생각은 기독교 신앙을 물려주신 부모님을 통해 자연스럽게 배우게 된 것 같다. 항상 교회를 중심으로 이웃을 돌보며 사셨던 부모님의 삶의 모습을 보면서 자라왔기 때문에 나에게는 자연스러운 일이었다. 모태 신앙으로 자라온 나처럼 부모님께서도 기독교 집안에서 나고 자라셨다. 친할아버지께서는 교회 장로님이셨고, 조선 왕실 후손의 아들로 경기고등학교를 졸업하신 외할아버지께서는 한국 안식일 교회 초기 지도자로서 각 전도회 선교사들의 통역을 하셨고 많은 지역에 교회와 교육 기관을 세우시며 열성적으로 활동하시다가 일제시대에 순교하셨다. 이분들의 기독교 신앙을 부모님께서도 물려받으셨다.

　교회에서 받은 기독교 교육은 나의 성장기에 가장 큰 영향을 끼쳤고 성경 말씀대로 살기 위해 노력하는 것이 내 삶의 가장 중요한 목표였다. 성경을 읽으며 예수님의 삶을 지식적으로 알아가면서 신앙이 성장할 수 있었고, 교회에서 다양하게 봉사 활동하며 기독교 교리를 실천하는 방법이 무엇인지 경험으로 배워갔다. 하나님의 말씀은 항상 선하고 힘이 있었기에 그 말씀을 배우고 실천하는 일은 나의 삶과 영혼을 사로잡을 수밖에 없었다. 그리고 영적으로 중요한 체험은 에드먼튼에서 하나님을 만난 경험을 꼽을 수 있다.

캐나다 에드먼튼에서 살 때였다. 여전히 안식일 교회를 열심히 다니면서 교회 중심으로 살고 있었는데, 그때 다니던 교회의 지도자를 잘못 만나는 바람에 큰 시련에 빠진 적이 있다. 그 목사님이 "남편과 하나님을 동시에 섬길 수 없으니 남편을 선택하든지 교회를 선택하든지 결정해야 한다"고 말했던 것이다. 평생 진리로 여기고 섬겼던 교회에서 들은 말씀이기 때문에 무시하지도 못해 식음을 전폐하고 한 달 이상 하나님께 매달리며 기도했다.

그 당시 남편이 퀘이커(Quaker) 모임에 나가고 있어서 나도 같이 따라다니고 있었다. 그 모임에서는 교인들이 모두 모여 둘러앉아서 한 시간 동안 명상하면서 떠오르는 생각을 간단히 말하는 침묵의 예배를 드린다. 그날 나도 명상하다가 무어라 설명하기 어려운 엄청난 체험을 하게 되었다. 갑자기 가슴 한가운데서 기쁨이 비누 거품처럼 부글부글 부풀어 오르고 마음이 벅차오르는데, 정말 환상적이었다. 마치 천국에 와 있는 듯이 온 세상이 순백의 빛으로 가득하고 온 우주를 에워싸는 천상의 소리가 들리는 듯했다. 온몸의 기가 다 통해서 고통이나 괴로움이 하나도 없고 아주 가볍고 행복한 상태가 되었다.

그날 이후 새벽마다 명상하면 명상에서 빠져나오기가 싫고 하루에 5시간 이상씩 명상을 하곤 했다. 그러자 약국에 일을 나가서도 길을 가면서도 사람들을 만나면 다 껴안고 싶고 다 내 하나님의 자녀들로 보이고 꽃들이건 삼라만상이건 모든 것이 다 아름답고 예뻐 보였다. 그때 깨달았다.

'아! 이것이 하나님의 사랑이구나!' 하고 말이다. 크고 넓은 자비의 하나님을 너무 좁은 시야로 바라보고 있었던 것 같았다. 안식일 교회만이 유일한 진리라는 생각에서 벗어나 더 넓은 세상을 볼 수 있게 되었고 마음이 좀 더 자유로워졌다. 교회 지도자가 나에게 했던 말도 하나님에 대한 맹목적인 신앙에서 비롯된 잘못된 것임을 알게 되었다. 교회 지도자의 말을 하나님 말씀처럼 따르던 미숙한 신앙에서 벗어나 더욱 성숙한 기독교인으로의 전환점을 맞이할 수 있었다.

돌아보면 그때 내가 하나님을 만난 것이라 생각한다. 인생에서 아주 어려운 고민에 빠져 있을 때 하나님께 답을 구하며 간절히 만남을 청하자 그분이 손을 내밀어 주셨다. 아니 어쩌면 항상 내 마음속에 계시고 이미 우리를 만나고 계신 분이기 때문에 우리는 언제든 그분을 이렇게 기쁘게 만날 수 있는 것이 아닌가 생각한다.

4. 항상 깨어 '나'를 들여다보는 방법, 명상

하나님을 만난 그날의 경험이 너무 좋아서 다시 한번 경험하고 싶다는 생각으로 명상을 열심히 했다. 명상을 배우기 위해 좋은 선생님을 찾아 세계 각지를 다니기도 하고 힘든 수련의 과정도 열심히 참여했다. 약국을 운영하느라 바쁜 시기였지만 명상을 위한 시간은 가장 먼저 정해 둘 정도였다.

'국선도'와 '단학', '마음수련'에서 시작해서 '템플스테이(Temple Stay)'와 '위파사나'를 하면서 명상을 더 깊이 배울 수 있었다.

가장 먼저 단학 센터에서 명상을 시작했다. 단학은 기 수련을 통해 몸과 마음을 조화로운 상태로 만드는 데 목적을 두고 있다. 나는 2002년에 노스밴쿠버(North Vancouver)에 있는 단학 센터를 찾아가서 명상을 배우기 시작했다. 거기에서는 108배를 하면서 주문을 외우고 체조도 하면서 수련을 이어갔다. 단학에서 수련을 하다 보니 세계에서 기가 가장 좋다고

Hume Park에서 국선도 수련 중.

하는 곳이자 단학 센터가 있는 미국 세도나에 가보고 싶어졌다. 여기는 강사를 양성하는 곳이기 때문에 기본 조건들이 갖추어져야 참가할 수 있었다. 그래서 더 열심히 수련을 해서 조건을 갖추려 노력했다. 그런 나의 열망이 통했는지 드디어 세도나에 갈 수 있게 되었다.

처음에는 2주짜리 명상 수련 프로그램에 참여했다. 수련은 새벽에 일어나서 주문을 외우며 108배를 하는 것으로 시작해 저녁 9시까지 이어졌다. 강의도 듣고, 강사들이 하는 것을 보면서 체조 수련도 열심히 따라 했다. 2주가 지난 후에 선생님들과 이야기를 나누는데, 나의 순수한 열정을 보셨는지 잘한 점만 이야기해주었다. 칭찬을 들으니 더 깊은 경지까지 갈 수 있으리라는 기대감도 생기고 짧은 일정에 아쉬운 마음도 생겼다. 그래서 3주 수련 프로그램과 강사수련까지 이어서 하게 되었다. 뭐든 시작하

세도나에서.

세도나에서.

세도나에서 다른 참가자들과 함께.

면 끝까지 파고드는 나의 성격 때문에 단학에서도 그렇게 열심히 수련했던 것 같다. 수련 과정이 모두 끝나자 몸의 수련과 마음의 수련이 하나로 연결되어 있음을 알게 되었다. 그래서 명상할 때는 항상 체조와 함께 시작하는 습관을 들이게 되었다.

그때 같은 방을 썼던 룸메이트가 캘리포니아에 있는 대학 교수였는데,

나에게 전생 체험을 제안했다. 룸메이트의 안내대로 눈을 감고 전생을 떠올리자 깜깜한 곳에 끝도 없이 길게 이어진 층계가 보였다. 그 계단을 따라 아래로 계속 내려가자 계단의 끝에서 누군가가 보였다. 그곳에서 내가 본 것은 막막한 허허 들판에 어떤 승려가 맨발로 걸어가고 있는 모습이었다. 그 승려가 걸어서 도착한 곳은 움막이었고, 주변에 깡통 그릇들도 놓여 있었다. 나는 그곳에서 좌선하기 시작했다. 좌선하다가 공중을 날기도 했는데, 득도의 경지에 오른 승려였던 것 같다. 룸메이트가 말하길 그렇게 좌선 중에 죽은 승려의 삶이 나의 전생이라고 했다. 그리고 내가 본 승려의 모습 그 이전의 생은 핀란드의 덩치가 큰 남자였다고 했다. 산짐승들이 마을을 덮쳤을 때 짐승들과 맞서 싸워서 마을 사람들을 구한 영웅이었다고 말해주었다. 그리고 그보다 더 오래전의 전생에서는 파라오였다고 했다. 단순한 호기심에 했던 터라 나는 룸메이트가 말한 전생들을 믿진 않았고, 현재의 삶에 용기와 자신감을 주기 위한 이야기 정도로만 여겼다. 전생 체험에서 깨어난 후 단학 스승님께서는 전생 체험 때 내려갔던 계단을 다시 못 올라오면 죽을 수도 있는 위험한 일이라며 룸메이트와 함께 혼을 내셨지만, 나에게는 매우 신기한 체험이었다.

그 후에 밴쿠버에서 '마음수련센터'를 운영하는 우 도사라는 사람이 우리 집에 와서 며칠 머물렀다. 그 인연으로 마음수련센터에서 명상을 배우게 되었다. 마음수련을 배우기 위해 계룡산에 가서 3주간 수련하기도 했다. 마음수련에서는 태어날 때부터 현재까지 지나온 자기 삶을 돌아보면서 내면에 집중하는 수련을 24시간 동안 하게 한다. 이렇게 내면을 깊이 돌아보는 시간을 통해 현재의 자신을 정확히 알게 되고 어떤 상황에서도 흔들림이 없는 평화로운 마음을 갖게 되는 것을 목표로 한다. 상상을 통해 현재의 자신을 죽이고 과거의 삶을 기억하게 하는 것이다. 태어나서부터 지금까지 기억나는 대로 삶을 회상하고 자신의 장례식에도 참여해 보고 하늘로 올라가서 자신이 살던 곳을 내려다보게 한다. 그 과정에서 죄의식이나 잘못된 과거 등을 지구로 집어 던짐으로써 자신을 해방시키는 것이다. 나도 이런 수련을 통해 명상하는 방법과 이유에 대해 더 자세히 알게 되었고 이를 통해 명상을 더욱 깊이 할 수 있게 되었다.

한국의 절에서 했던 템플스테이를 통해서도 명상을 수련할 수 있었다. 특히 한국의 명산에 위치한 절은 기의 흐름이 좋고 맑은 공기와 울창한 숲이 있기에 정갈한 마음 상태를 만드는 데 매우 좋은 곳이다. 한국에 가면 아무리 바쁜 일정이 있더라도 일주일 정도는 꼭 시간을 내어 템플스테이를 하며 오롯이 명상하는 데 집중하곤 한다. 그만큼 명상은 나의 삶에 큰 부분을 차지하고 있다. 템플스테이를 할 때면 자연스레 산속을 산책하게 된다. 아름드리나무들이 우거진 산속을 그냥 걷는 것만으로도 명상이자 수행이라고 느껴질 만큼 좋다. 그래서 시간 가는 줄 모르고 걷곤 하는데, 그러느라 위험한 산행을 하기도 했다. 해남에 갔을 때 새벽에 일어나서 가볍게 산책하러 산에 올라갔는데 비가 쏟아지는 바람에 서둘러 내려오다가 바위에서 미끄러져서 낭떠러지에서 죽을 뻔한 적도 있다.

그런 위험을 경험했어도 그다음 날 새벽에 산속 깊이 있다는 암자를 찾아 또 산행했다. 왕복 5시간 걸리는 길이라고 들었지만, 아침 식사를 하기 전에 돌아오겠다는 가벼운 마음으로 망설임 없이 출발했다. 새벽 미명에 나선 길이라 온 세상이 고요함 속에 있어서 내 발걸음 하나하나에 집중하며 걸을 수 있었다. 걷는 것도 명상인 듯한 그 시간이 참 좋았지만, 아직 동이 트지 않아 사방이 깜깜한 산길을 걸을 때는 동물이 튀어나올까 봐 두려운 마음도 들었다. 그때 원효 대사의 해골물이 떠오르며 뭐든 마음먹기 나름이라는 가르침대로 두려운 마음을 지우며 계속 걸었다. 2시간쯤 걸었을 즈음 이제 도착하는가 싶었는데 가파른 층층대가 나타났다. 끝도 보이지 않는 계단이었지만 멈추지 않고 오르고 또 올랐다. 오르던 중에 스님 한 분이 내려오시길래 암자까지 얼마나 남았는지 물었더니 곧 나온다고 대답해 주셔서 더 힘을 내서 계단을 올라갔다. 그렇게 계단이 끝난 곳에서 암자가 보이길래 기쁜 마음으로 달려갔다. 그런데 암자에는 아무도 없이 적막했다. 그곳에서 뵙고 싶었던 주지 스님은 아까 계단에서 스치듯 만난 그 스님이었다. 허탈한 마음도 있었지만 동이 터오는 아침 하늘을 배경으로 고요히 자리 잡은 암자의 풍경은 그 어떤 미술 작품과도 비교할 수 없을 정도로 아름다웠다. 그 풍경을 마음에 담고 암자에서 혼자 명상에 잠겼던 경험은 두고두고 잊지 못할 특별한 시간이었다.

'위파사나'는 매 순간 깨어 있으라는 것이 가장 중요한 가르침이다. 바르게 보는 것을 통해 자아를 버리고 지혜를 얻을 수 있게 하는 불교 명상법이다. 단전호흡법 훈련을 통해 깨달음의 경지에 도달할 수 있게 하는 것이다. 캐나다 로키산맥에 있는 메리어트 위파사나 센터에서도 24시간 명상했다. 처음에는 아침과 점심 식사만 하다가 마지막 일주일간은 단식과 묵언을 하고 호흡과 명상에 집중하였다. 몸을 비우고 호흡을 바르게 함으로써 머리를 맑게 하는 것이다. 이렇게 2주간 명상에 집중했더니 맑은 정신의 상태를 오래 유지할 수 있었고 나 자신을 고요한 상태에서 바라볼 수 있게 되어 마음의 구속으로부터도 자유로워질 수 있었다. 그 후 단식으로 정신을 맑게 하는 수련을 종종 해오고 있다.

한국에서 위파사나 명상법을 수행할 수 있는 곳을 찾던 중 과천에 있는 '보리수 수련원'을 알게 되었다. 그곳에서 만난 부달라기타 스님은 미국 뉴욕에서 무용가로 활동하다 명상의 세계에 눈을 떠 미얀마로 가서 스님이 되셨다고 한다. 위파사나에서는 맑은 정신을 위해 단식 명상을 강조하는데, 부달라기타 스님은 일일 일식을 하고 계셨다. 그리고 이곳은 누구든 언제든 와서 명상 수행을 할 수 있다. 수행을 위한 비용이 정해져 있지 않고 자신의 형편과 의지대로 헌금하는 방식으로 운영하고 있었다. 시설이 좀 낙후되어 있고 손빨래를 해야 하는 어려움이 있긴 하지만, 위파사나에서 배운 명상법이 나에게 가장 잘 맞는 것 같아서 한국에 가면 항상 보리수를 찾곤 한다. 여기를 알기 전에는 해남 땅끝마을에 있는 미황사에서부터 전국을 다니면서 템플스테이를 했지만, 지금은 보리수만 다시 찾게 된다. 부달라기타 스님이 쓴 책도 나에게 좋은 영향을 주었고 이분과의 대화를 통해 명상의 참뜻을 알게 되었다.

지금도 매일 새벽마다 명상한다. 어떤 명상법을 선택하느냐보다는 각 명상법의 장점을 활용해서 명상을 꾸준히 실천하는 것이 중요하다고 생각한다. 하루 24시간 매 순간 무슨 일을 하든 깨어서 집중하는 것이 바로 명상이다. 내가 이 세상에 태어난 목적은 나의 영혼을 정화시키고 업그레이드시키기 위함이라고 생각한다. 부지런히 내 영혼을 갈고 닦아서 더욱 발전시킴으로써 이 세상 사람들의 삶에 무언가 보탬과 도움이 되는 선한 사람으로 살다가 이생을 마무리하고 싶다. 명상 수련을 열심히 하다 보면 소원하는 바를 이룰 수 있으리라 확신한다. 그리고 명상하면 나의 몸과 마음이 건강해지는 선순환을 이룰 수도 있다고 생각한다. 이것이 내가 명상하는 이유이다.

명상할 때 나는 불교의 주문 대신 "주 예수 그리스도 제게 자비를 베푸

소서"라는 기도한다. 기도는 곧 명상과 통한다는 것을 내 삶으로 알게 되었기 때문이다. 종교의 형식에 얽매이지 않고 모든 것의 내면에 흐르는 그 정수를 깨닫는 것이 종교 갈등의 해결책이라는 생각도 해본다. 어릴 적에 교회에 같이 다녔던 친구들은 나에게 변했다고 할 수도 있겠지만 종교는 심연에서 만난다는 것을 알기에 결국 우리는 같은 마음이다.

부달라기타 스님을 알게 된 계기로 2018년 1월에 남편과 함께 미얀마에 여행을 간 적이 있다. 미얀마는 불교의 나라답게 사원이 많이 있었다. 그래서 함께 여행을 떠났던 사람들과도 사원을 둘러보았고 개인적으로도 여러 사원을 찾아 다녔다. 미얀마는 부달라기타 스님에게 어떤 영향을 주었을까 생각하며 기대하는 마음으로 찾아갔던 것인데 기대와 달리 실망감이 컸다. 사원들이 모두 순금으로 호화스럽게 지어져 있고 사람들에게

Santiago 순례자의 길 1(2018년 4월).

극락왕생을 위해 사원에 순금을 바치게 하고 있었다. 그래서 가난한 사람들은 종교로 인해서 더욱 가난해지는 삶을 사는 것을 보았다. 가난을 유발하는 가장 큰 미얀마 사원 방문을 통해 종교의 바른 역할에 대해 고민해 볼 수 있었다. 그리고 미얀마의 불교가 가난한 사람들을 위해 종교적으로도 사회적으로도 더욱 쇄신할 수 있기를 마음속으로 기원했다. 종교는 사람들의 삶을 자유롭고 평화롭게 만드는 것이어야 한다고 생각한다.

명상을 위해 떠났던 여행 중에 좋은 기억은 스페인 순례자의 길을 떠났을 때이다. 2018년 4월에 국선도 수련으로 인연이 있던 고연규 씨 부부와 함께 일주일간 포르토 마린에서 팔라스 데 레이와 리바디소 다 바이쇼 등을 거쳐 산티아고 데 콤포스텔라까지 걸었다. 하루에 약 30킬로미터씩 130킬로미터를 걷는 코스로 하루에 5만 보 이상을 걷는 무리한 일정이

Santiago 순례자의 길 2(2018년 4월).

었다. 이게 얼마나 힘든 일인지도 모르고 하룻강아지 범 무서운 줄 모르듯이 겁도 없이 도전한 것이다. 그래도 가다가 못 걷겠으면 택시를 부르면 된다고 생각하며 일단 도전했다. 신발이나 비상약 등을 꼼꼼히 챙기고, 숙소에서 짐을 맡기면 다음 숙소로 배달해 주는 서비스를 이용하기도 하면서 매일 한 걸음 한 걸음 걸어 나갔다.

첫날 시작할 때는 일행과 속도를 맞춰 함께 걸었지만 40대 부부에게 나의 속도가 너무 늦는 것 같아서 먼저 가라고 한 뒤 나는 나의 속도에 맞게 천천히 걸었다. 숲길이 나왔다가 밭이 펼쳐진 오솔길도 나왔다가, 곳곳에 이정표가 남은 길을 알려주기도 해서 혼자 걷는 게 심심하지 않았다. 가끔은 언덕길을 오르느라 힘들기도 하고 길을 잃어 헤매기도 했지만, 순례자의 길을 걷는 다른 여행자들을 만나 이야기도 나누면서 고단함을 잊게 되기도 했다. 그렇게 첫날 28킬로미터를 걷는 데 성공하고 나니 자신감이 생겼다.

그래서 둘째 날에는 속도를 좀 더 내서 걷다 보니 중간 쉬는 곳에서 함께 간 일행을 만나기도 했다. 그 친구들이 나에게 만난 김에 식당에 가서 식사도 하고 좀 쉬기도 하고 같이 가자고 제안했다. 하지만 거기서 쉬면 다시 일어나기가 어려울 것 같아서 미안하다고 하고 잠시 숨만 고르고 계속 걸었다. 잠시 쉬는 그 순간을 참지 못하고 무너져 내릴 것 같은 연약한 나의 육체를 정신력으로 붙들어 일으키는 것은 쉬운 일이 아니었다. 지난 내 인생의 여정에서도 힘에 부치는 모든 순간마다 이렇게 정신력의 싸움을 벌여왔던 일들이 떠올랐다. 긴긴 시간 고단했을 내 영혼을 위로하듯 붉은 흙길에 석양이 길게 물들고 있었다. 그리고 그 순간순간들을 버티면서 몸도 마음도 단련되어 왔음을 느끼며 감사한 마음도 들었다.

그렇게 두 번째 숙소에 무사히 도착할 수 있었다. 그런데 도착하고 보니 친구들이 발에 물집이 잡혀서 힘들어하고 있었다. 내가 챙겨간 약품들이 빛을 발하는 순간이었다. 거기서 간이 약국을 차려 놓고 숙소를 이용하는 여행자들의 발을 치료해 주었다.

걷는 데 익숙해지다 보니 새벽에 걷기 시작하면 오후 2~3시 정도면 숙소에 도착할 수 있었다. 길에서는 비슷한 시기에 걷는 여행자들을 앞서거니 뒤서거니 하며 만나고 또 만나고 하면서 친구가 되는 것도 좋았고, 숙소에 도착해서 물속에 들어가서 힘들었던 근육들을 풀어 주어 참 좋았다. 가장 기뻤던 순간은 목적지인 산티아고 야고보 성당에 도착해서 순례자의 길을 걷는 사람들에게 주는 여권에 마지막 인증 도장을 받는 순간이었다. 도장을 찍고 뛸 듯이 기쁜 마음에 힘든 것도 다 잊고 마지막 만찬을 즐기기도 했다.

순례자의 길은 예수님의 제자인 야고보가 복음을 전하기 위해 예루살렘에서 걸어왔던 길로, 1993년 유네스코가 세계문화유산으로 지정할 만큼 역사와 문화가 깊이 새겨져 있는 곳이다. 복음이 전파된 길을 따라 걷고 싶다는 막연한 소망으로 시작한 여행이었지만 동서고금을 막론한 순례자들의 대서사가 어우러져 있는 이 길을 걷다 보니 그 모든 이들의 발걸음이 녹아 있는 영험스러운 기운도 느낄 수 있었다. 그리고 한 걸음 한 걸음 걷는 그 모든 순간이 명상의 순간이기도 했다. 단전에 집중하고 매 순간 나를 깨우며 걷는 것이 정신을 맑게 해주었기 때문이다. 이렇게 명상을 통해 예수님의 발걸음을 느낄 수 있었던 스페인 여행이었기에 나에게 아주 소중한 기억으로 남아 있다.

에필로그
타국에서 이룬 꿈

회고록을 쓰는 동안 나의 삶을 돌아볼 수 있는 소중한 시간이었다. 무궁화재단, 캐나다 밴쿠버 한인회, 장학재단 등을 운영하며 울고 웃었던 많은 일을 돌아보며 그 일들의 의미를 되새길 수 있었다. 특히 함께 수고했던 사람들에 대한 감사의 마음이 가장 컸다. 이들이 있었기에 그때의 일들을 해낼 수 있었고 그날의 일들이 역사가 될 수 있었다. 그저 하루하루 살아왔을 뿐인데 나의 삶을 정리하고 보니 "참 열심히 살았구나!" 하며 보람을 느낄 수 있었다. 사실 힘들고 억울한 일이 있을 때면 혼자 울음을 삼킬 때도 많았는데 그런 어려움을 다 겪어내고 이제는 웃으며 추억하는 때가 되었구나 하는 마음에 흐뭇하기도 했다.

약사로서의 삶을 돌아보면 나의 에너지를 최대한 끌어올려 풀타임으로 일한 기억밖에 없다. 기관지가 약해서 피를 토하면서도 하루도 빠지지 않고 일했고, 손님이 줄을 서서 기다리면 8시간 내내 화장실도 한 번 가지 않고 일했다. 손님이 오시면 '그분의 시간이 소중하니 속히 해결해 드리자'라는 것을 철칙으로 살아왔기 때문이다. 그래서 일을 빠르게 잘한다고 칭찬도 많이 받았지만 그렇게 무리하게 살아와서 나의 건강을 잘 돌보지 못한 게 아닌가 반성이 되기도 했다. 아직도 어떻게 사는 것이 맞는지 모르겠다. 이렇게 열심히 살았던 것이 오히려 건강한 삶의 비결이 될지, 혹은 무리가 되어 일찍 이 세상을 떠나게 될지 알 수 없다. 다만 나의 삶을 보고 후배들이 이를 발판 삼아 더 나은 삶을 누리게 되길 바랄 뿐이다.

가족들과 함께했던 시간을 기록하면서 옛날의 소중한 기억을 되찾을 수 있었다. 나의 어린 시절과 친척들과의 추억, 남편과 풋풋했던 사랑 이야기, 우리 아이들이 꼬맹이였을 때의 가슴 뭉클한 기억들을 떠올리며 마치 보물찾기를 하듯 행복했다. 바쁜 오늘을 사느라 잊혀 가던 기억이었는데 이제는 오래도록 간직할 수 있게 되어 참 감사한 마음이다. 우리 아이들에게 이 기록들이 삶이 힘들 때마다 꺼내 보며 힘을 얻을 수 있는 통로가 되기를 기대해 본다. 이 기록은 엄마가 우리 아이들을 많이 사랑했다는 사실, 언제나 건강하고 행복한 삶을 살기를 간절히 기도하고 있다는 사실을 담고 있기 때문이다. 그리고 누구보다 나의 남편 오강남 님과 함께했기 때문에 나의 인생이 이렇게 풍요로울 수 있었음을 고백한다.

　내 인생은 나를 위해 있는 게 아니고 은혜에 보답하기 위해서, 주기 위해서 있는 것이라 생각한다. 나와 인연을 맺은 모든 사람에게 도움이 되는 삶을 영위했으면 좋겠다. 이를 위해 나는 오늘도 —남은 생의 첫 날로 여기며— 나에게 주어진 시간을 소중하고 가치 있게 열심히 살아야겠다고 다짐한다. 내가 오늘 여기 살아 있지만 언젠가 이곳을 떠날 것이다. 그래서 오늘도 나는 내 가까이 있는 사람들을 최선을 다해 사랑하리라 마음먹는다. 그리고 내가 죽은 후에 사람들이 나를 떠올릴 때 '이웃과 더불어 사랑을 나누는 사람', '사회에 조금이라도 도움을 주기 위해 애쓴 사람', '정의가 무너진 사회에서 정의롭게 살려고 노력한 사람'으로 기억되었으면 좋겠다.

　앞으로 꼭 이루고 싶은 일은 밴쿠버에 '한인 센터'를 세우는 일이다. 한국인들이 함께 모일 수 있는 구심점을 더 튼튼하게 만들어야 한다는 생각을 오랫동안 해 왔다. 지금도 한인사회는 모이기를 좋아하고 함께 힘을 모아 다음 세대를 키우고 있으며 세계 여러 곳의 어려움을 돕고 있다. 캐나다에 살고 있는 한국인 중에는 여러 방면에서 우수한 능력을 발휘하고 있는 사람들이 점점 늘어나고 있기도 하다. 이러한 힘들이 제대로 모인다면 우리 한인사회가 더욱 살기 좋은 공동체가 될 수 있을 뿐만 아니라 세계 여러 나라에 더 선한 영향력을 끼칠 수 있을 것이다. 내가 한인회장을 맡았을 때부터 꾸준히 준비해 오고 있는 일이지만 규모가 방대하여 많은 사람이 합심해야 이룰 수 있는 일이기도 하다. 혼자서는 힘들지만, 캐나다에 사는 한국 사람들이 한마음으로 동참한다면 어려운 일이 아니다. 함께 할 동역자들이 더 많아지기를 희망하며 한인 센터 건립에 대한 꿈이 이루어질 때까지 내가 할 역할을 찾아 최선을 다해 일할 계획이다. 신의 뜻이 여기에 있다면 곧 이룰 수 있으리라 기대한다.

이 지면을 빌려 내가 의도하지 않게 상처를 주었던 일을 누군가에게 했다면 용서를 구하고 싶다. 내 주변의 사람들, 나와 인연을 맺었던 모든 사람이 나에게 소중한 사람들이라는 걸 알고 있지만 인간은 부족한 존재인지라 부지 중에 실수가 있었으리라는 것을 겸허히 인정한다. 넓은 아량으로 보듬어 주시기를 부탁드리고 싶다. 그 헤아림의 은혜를 더 많은 사람들에게 사랑으로 나누며 앞으로 남은 인생을 열심히 살아가겠다.

마지막으로 오늘의 내가 있게 해주신 많은 분께 감사의 말씀을 올리고자 한다.

먼저 하늘나라에 계신 부모님께 감사드립니다. 어머니와 아버지께서는 저를 낳아주시고 길러주실 때 지극한 사랑과 정성으로 일관하셨습니다. 특히 어머니께서는 70세에 밴쿠버로 오셔서 편치 않으신 몸으로 집안 실림을 도맡아 해주셨습니다. 감사합니다.

다음으로 남편 오강남 교수께 감사의 마음을 전합니다. 든든한 동반자로, 정신적 지주로 그리고 유머 가득한 내 인생의 엔터테이너로서 당신이 있었기에 오늘의 나와 우리 가정이 이렇게 행복하게 살고 있다고 생각해요. 감사하고 사랑합니다.

나의 사랑하는 세 아들, 유진(裕珍, Eugene), 유민(裕珉, Dennis), 유현(裕玹, Jason)에게도 감사 인사를 전합니다. 어린 시절 십수 번의 이사와 환경변화에도 너무나 훌륭하게 성장해주어서 정말 고맙다. 애들아. 그리고 이들과 짝이 되어 훌륭하고 행복한 가정을 꾸려 준 두 며느리 Joanna, Bonnie에게도, 그들이 낳아서 씩씩하게 자라고 있는 네 손자, Nathan(怡彦 이언), Thomas(志彦 지언), Owen(時彦 시언), James(利彦 리언)에게도 사랑과 감사의 마음을 전하고 싶어요. 사랑한다. 애들아. 특히 이 엄마(시어머니, 할머니)가 회고록을 출판한다고 회고의 글(편지)을 부탁(강제?)했는데 모두 너무나 바쁠 텐데도 감동의 글들을 보내주어서 정말 고마워요.

그 밖에도 감사 인사를 꼭 드리고 싶은 사람들이 너무나 많다. 어린 시절 같이 뛰어놀던 친척과 친구들 그리고 중학교, 고등학교, 대학교 시절에 꿈과 추억을 함께 했던 친구들, 선생님과 교수님들께 먼저 감사 인사를 드립니다. 캐나다라는 낯선 땅을 처음 밟았을 때부터 밴쿠버에 정착해서 약국을 경영하고 캐나다 밴쿠버 한인회, 장학재단, 무궁화재단 등 봉사활동을 하는 과정에서 저는 너무나 많은 사람의 도움을 받았습니다. 이밖에 모든 분의 성함을 일일이 나열할 수 없음을 널리 이해해 주시길 바라며 저를 아시는 모든 분께 이 자리를 빌려 마음속 깊은 곳으로부터의 감사 인사를 전합니다.

끝으로 이 회고록이 세상의 빛을 보게 해 주신 두분께도 진심으로 감사 드립니다. 먼저 평범한 사람들의 회고록이 갖는 의미를 깨닫게 해주시고 전체 과정을 조율하고 이끌어 주신 봉현철 교수님께 감사 드립니다. 그리고 원고를 책으로 만드느라 수고가 많으셨던 동연출판사의 김영호 사장님께 깊은 감사의 마음을 전합니다.

이 글을 읽는 모든 이에게 신의 축복이 함께 하기를 마음 다해 기도 드리며….

2023년 5월 오유순

국민훈장 수여식에서
(2023년 10월, 모란장 수훈).

"회고록 출간을 축하합니다"

가족들이 나의 회고록 출판을 축하하기 위해
정성 어린 에세이와 편지를 보내왔다.
그들이 생각하는 나의 모습을 길이 기억하기 위해
가감 없이 여기에 싣는다.

첫째 며느리, 조안나(Joanna)

Dear Umunim,

For me, you've set a precedent within the family with your career and love for health.

At a time when some women didn't have the courage, the education, role models, or cultural backing to set out on their own and take charge of their career, you did. There are times in my own career when I feel I'm out of my element or I'm going down a path that is isolated, and then I think on the precedent and example that you have set. And you did it as an entrepreneur - whereas my situation is within a company where I don't bear any of the direct financial risks. And you did it in Canada, that was at the time when you started out, very new to you in language, culture, and small business practices. More than the tremendous financial success you achieved through your business, what you've achieved in personal identity, exploration into life and people, and coming into your fuller being are what stand out to me as what your business success actually represents.

Your love of health is another aspect of who you are that stands out. There are some things that I can't exactly buy into - like the oil pulling you've mentioned a few times:) - but you do really believe that health is everything and you practice it. Not many people can practice health but you really live it both through physical activities and also spiritual/mental/emotional practices. Not everyone has hobbies or personal interests that they invest time in. Or maybe they have hobbies/personal interests but they don't have the wherewithal to set aside the time. Or maybe they haven't listened closely enough to who they are to know what their real interests are. But I feel that you have, and you are a full person for it - and as a result others around you get a better glimpse into who you are and perceive you as living a real life, with eyes and heart open.

I hope that my perspective shared here can shed further light into your life and the intangibles that you represent to me.

Humbly, Joanna

사랑하는 어머님께

저에게 어머님은 어머님의 경력과 건강에 대한 애호로써 가족 내에서 선례를 세워주신 특별한 분이십니다.

어머님께서는 여성들이 스스로 시작하여 자신의 경력을 책임질 수 있는 문화적 지원, 용기, 교육, 역할 모델이 없었던 시대를 사셨음에도 불구하고 스스로 경력을 일구어내셨습니다. 저는 일이 뜻대로 되지 않거나 고립된 길을 가고 있다고 느낄 때면 어머님께서 보여주신 그 모범과 선례를 생각합니다. 어머님께서는 회사의 재정 위험에 대한 직접적 부담이 없는 저와 달리 재정에 대한 책임을 갖고 계신 기업가로서 성공하셨다는 점에서 존경스럽습니다. 그것도 어머님께서는 캐나다라는 새로운 환경, 즉 언어, 문화, 기업 관행 등에서 당신에게 매우 낯선 곳에서 해내셨습니다. 그리고 그 성공의 의미는 사업을 통해 달성한 엄청난 재정적 성공뿐만 아니라 개인의 정체성을 정립하고, 삶과 사람에 대해 탐구하며, 더 충만한 존재가 되는 것이라는 점에서 저에게 훨씬 더 중요하게 느껴집니다.

어머님께서는 건강에 대한 애정이 남다르십니다. 어머님께서 말씀하셨던 오일 풀링처럼 제가 정확히 실천할 수 없는 것들도 있지만 어머님께서는 진정으로 건강이 전부라고 믿고 그것을 실천하십니다. 건강의 중요성을 알지만 건강을 실천하는 사람은 많지 않습니다. 그런 면에서 어머님께서 하루도 빠짐없이 실천하고 계시는 신체적 · 영적 · 정신적 · 감정적 단련은 매우 특별하다고 생각합니다. 모든 사람이 취미나 개인적인 관심사가 있는 것은 아니며 취미가 있더라도 시간적 여유가 없을 수도 있습니다. 혹은 자신이 어떤 사람인지, 자신의 진정한 관심사가 무엇인지에 대한 내면의 소리를 충분히 듣지 못합니다. 그러나 어머님께서는 그 소리를 잘 들으셨고, 그 소리에 충실하게 사셨습니다. 그리고 그 결과, 어머님 곁에 있었던 사람들은 어머님이 진정으로 어떤 분이었는지를 더 잘 알게 되었고 어머님께서 눈과 마음을 열고 진정한 삶을 사셨다고 인식할 수 있었습니다. 저는 위에 표현한 저의 관점이 어머님의 삶에 대한 이해를 높이고 어머님

께서 저에게 끼치신 보이지 않는 영향을 보다 잘 이해하게 할 수 있기를
바랍니다.

존경하는 마음을 담아,

첫째 며느리 조안나 올림

첫째 아들, 유진(Eugene)

When I was little, our family moved around a lot, at times as often as once per year, from city to city all across Canada, but when I was 11 my dad got tenure at the University of Regina and we moved into the house we would live in for the next six years. The house was a three-bedroom bungalow wedged sideways into a narrow lot. In the backyard was a crabapple tree that my brothers and I would climb, and planted next to the front door, which was actually on the side of the house, was a lilac bush that blossomed each spring and had overgrown its space.

When I think about growing up in that house, I don't remember many idyllic days. It seemed there was always a piano lesson or clarinet lesson to hustle off to, homework to be completed, a recital looming on the horizon. There was also music theory class, and wrestling practice, or an early-morning hockey game, or marching band, tae kwon do, or tennis. Yet I seem to remember we were able to have dinner together as a family each evening. My mom would sometimes make chicken wings in ketchup and soy sauce. That was a favorite.

In those years, as well as driving us to all of our various lessons and music festivals and recitals, in addition to doing all of the day-to-day tasks that go into raising three sons, my mom worked full-time at a Pinder's Drugs. For whatever reason, a lot of Roughriders went to that Pinder's to have their prescriptions filled and whenever one came in my mom would ask for his autograph to bring home for us.

There was a small, close-knit community of Korean-Canadian families living in Regina in those days and on many weekends there would be a gathering at somebody or other's house. There were holiday parties in the winters, picnics in Wascana Park in the summers, and there was one time my mom dressed in a hanbok and sang the Korean national anthem at a tae kwon do tournament. In short, our life in those days was busy, bursting at the seams with activity, and at the same time small and mundane. I have a distinct childhood memory of walking into the kitchen one day during that time and finding my mom sitting alone at the table, gazing out the window above the sink that faced out over the driveway, at the sky high above the neighbor's house. She may have been daydreaming, she may have been pondering, or maybe she was wondering when this chapter in her life could be over and when her real life would begin.

As the saying goes, the days are long but the years fly by. Shortly after those days on Castle Road, with my brother Dennis moving to Vancouver for his first year at UBC, which I was also attending at the time, my mom decided it was time to pick up and get out of Regina as well, and from there events progressed as if according to plan: the purchase of the townhouse on Falcon Drive in Coquitlam, the obtaining of her license to practice in BC, the opening of her first pharmacy. The pharmacy was located in a strip mall down the street from the townhouse. It was a mile away from a Shoppers Drug Mart in one direction and a Pharmasave in the other. In fact, if I'm remembering correctly, the previous occupant was a pharmacy that had failed.

It took some time to build the business to more than 100 prescriptions in a day, which I remember we celebrated as a milestone, and then soon 100 prescriptions were like nothing. Within a few years, the pharmacy was generating enough income to send my brother Jason to a fancy boarding school on the Island and then to four years at Yale, and then after the final tuition check there was the purchase of a Mercedes-Benz S-class to replace her 10-year-old Honda.

It was also around this period she was launching into the next chapter of her life: community work and philanthropy. And as when she left Regina it was with that sense of bursting forth. She was assisting efforts to feed starving orphans in North Korea. She was helping to establish the Vancouver Korean-Canadian

Scholarship Foundation. She was raising funds to help tsunami victims. She was donating a million dollars to a care facility for elderly Koreans, traveling to Seoul to receive a presidential citation, and being awarded a Queen's Diamond Medal and a Jubilee Medal.

It has been my privilege to have been able to witness my mom's growth from working mother to business owner to philanthropist to somebody who is having a biography written about her. Being so far removed out here on the east coast, I have missed out on many of her accomplishments, but many I have become aware of because with English being her second language she would ask me to edit the speeches she would make at various events, whether it was to welcome attendees at a VKCSF awards ceremony, introduce a VIP at a function, or deliver a keynote address. At times it felt like every communication I was receiving from her was a request to edit yet another speech. So I am aware there have been many accomplishments.

In a curious coincidence, this assignment to write this essay comes in the same week I've been going over documents from the lawyer who is drafting Joanna's and my will and estate planning. So thoughts about legacy have been on my mind lately, not just in terms of money and property our boys are probably not inheriting much more than the house they grew up in and a 2008 Subaru.

but more so in the form of beliefs and values, memories and traditions, and lessons. I hope my sons learn it is important to pursue their ambitions but there is also value in being decent and kind.

I still haven't got the recipe, if there is one, for the chicken wings my mom used to make, but there are of course so many things I have learned from her, both by her instruction and from her example. "Don't waste your time," she tells me. "Every moment is precious." To her, each day is an opportunity to go for a hike, play a round of golf, learn how to play the flute, swim laps at the pool, do something, anything. I know that she feels like there is so much more to do with her life, projects she wants to pursue that have timelines extending out 20 years. One lifetime is not enough.

Yet I would not be surprised to find that even time will not be able to contain her and her legacy will be one that lasts for generations. She left a place that was too small for her and continues to make her mark in the world and in so doing nothing is impossible.

p.s. A Letter to Mom

Congratulations, Mom, on the publication of your biography. What an achievement!

I'm sorry I snapped at you that time in 2011 when you were

waving gimbap in my face while I was driving on the interstate (in a snowstorm) and after I'd already said I didn't want any gimbap. As is often the case, it wasn't really about the gimbap, but regardless I shouldn't have responded the way that I did. Sorry...

And I'm sorry about the argument that time on the phone in 2019. The next day you wrote me an email, which I still have. You'd wanted a ribbon added to the flower arrangement you'd asked Joanna and her mom to order from the florist they were working with for the funeral. I knew from watching Korean dramas on Netflix why you thought the ribbon was important, but the florist, despite being Korean, didn't offer that service, didn't know anybody in the Boston area who did, and said nobody else who'd ordered from her had requested a ribbon. I couldn't understand why you wouldn't just let it go, but I shouldn't have blown up like that. It probably wasn't just about the ribbon...

And I'm sorry I doubted you that time in San Francisco in 1999, when you took all of us. we were with Hugh's family and there must have been more than 12 of us. to Fisherman's Wharf for dinner on the Fourth of July. I thought there was no way we'd be able to get a table without a reservation, but you went into Bubba Gump, located right on the water, and got us seated right away, right next to the window so that we were able to watch the fireworks show over the bay.

..Several years ago I was reading a biography of Steve Jobs, and as the writer described some of the things that made him who he was, I felt a jolt of recognition, the thought occurring to me that the founder of Apple was a lot like my mom!

For example, there's your refusal to take no for an answer and the way you distort reality according to your will. There's your ability to make people do stuff they think can't be done, and how you play by your own rules... Which is not to say that you park in handicapped spots like Steve Jobs reportedly did, but when we were growing up, we benefited in so many ways and on so many occasions because of who you were, as a mother, as a business owner, and as a person. You were right to push us in spite of all of the arguments, and you were right to insist, and to persist... Congratulations once again on your biography, sorry for those times I hurt your feelings, and thank you for being my mom. What you said in your email is true: I know how much you love me and you are right to know I love you as well...

Your son, Eugene

제가 어렸을 때 우리 가족은 캐나다 전역의 여러 도시에서 일 년에 한 번 정도로 자주 이사했었습니다. 그러다 제가 11살 때 아버지께서 리자이나 대학교에 재직하시게 되면서 우리 가족도 리자이나로 이사했고 그곳에서

6년 동안 살았습니다. 그때 살았던 집은 좁은 부지에 옆으로 붙어 있는 침실 3개짜리 방갈로였습니다. 그 집의 뒤뜰에는 우리 형제들이 오르던 꽃사과나무가 있었고, 집 옆에 있던 현관문 근처에는 매년 봄이면 그곳을 가득 채우는 라일락 덤불이 있었습니다. 하지만 그 집에서 자랐을 때를 생각하면 집 주변의 풍경처럼 목가적이었던 기억은 별로 없습니다. 서둘러 가야 할 피아노 레슨이나 클라리넷 레슨, 완료해야 할 숙제, 곧 닥쳐오는 연주회가 항상 있는 것 같았습니다. 음악 이론 수업과 레슬링 연습, 이른 아침에 하는 아이스하키 게임, 마칭 밴드(Marching Band), 태권도, 테니스도 해야 했습니다. 이렇게 바쁜 일정 속에서도 매일 저녁마다 우리 가족이 모두 함께 모여 저녁 식사를 했던 기억이 있습니다. 우리 엄마는 저녁 메뉴로 케첩과 간장 소스를 곁들인 닭 날개 요리를 만들곤 하셨는데 제가 가장 좋아하는 음식이었습니다.

그해에 엄마는 세 아들을 키우는 데 필요한 모든 일상적인 일을 하는 것 외에도 다양한 수업과 음악 축제 및 리사이틀에 우리를 데려다주었을 뿐만 아니라 Pinder's라는 드럭스토어에서 전일제로 일하셨습니다. 어떤 이유였는지는 확실하지 않지만, 당시 내가 속해 있었던 풋볼팀인 러프라이더(Roughrider)의 많은 선수가 처방전을 받으러 Pinder's에 갔고, 엄마는 그때마다 그 선수들의 사인을 받아서 우리 집에 보관했습니다.

그 당시 리자이나에는 조그마한 한인 가족 공동체가 형성되어 있었고 주말마다 서로의 집에 초대하여 모이곤 했습니다. 한번은 엄마가 한복을 입고 태권도 대회에서 애국가를 부르신 적도 있습니다. 이렇게 그때의 우리 삶은 이웃들과 함께하는 소소한 기쁨과 활동적인 여러 일들로 바쁜 일상이었습니다. 그 시절 어린 나에게 가장 기억에 남는 사건이 하나 있습니다.

하루는 내가 부엌에 들어갔는데 엄마가 혼자 식탁에 앉아서 길 쪽으로 나 있는 싱크대 위의 창을 통해 이웃집 너머의 하늘을 가만히 바라보고 계셨습니다. 그때 엄마는 공상하고 있었을 수도 있고, 곰곰이 생각하고 있었을 수도 있고, 삶의 이 힘든 시기가 언제쯤 끝이 나고 엄마의 진짜 삶이 언제 시작될지 궁금해하고 있었을 수도 있습니다.

속담처럼 하루는 길지만, 세월은 빠르게 흘러갔습니다. 동생 데니스가 당시 저도 다니고 있던 브리티시 컬럼비아대학에 입학하면서 캐슬 로드에서 밴쿠버로 이사를 했습니다. 어느 날 엄마는 이제 우리 식구가 리자이나를 떠나야 할 시기가 되었다고 결정하셨습니다. 그리고 그때부터 코퀴틀람의 팔콘 드라이브에 있는 연립 주택을 구입하고, 브리티시 컬럼비아주 약국 면허를 취득하고, 첫 약국을 개설하는 일까지 모든 일이 마치 사전에 계획되어 있었던 것처럼 착착 진행되었습니다. 약국은 타운하우스에서 길을 따라 내려가는 스트립 몰에 있었는데 한쪽으로는 쇼퍼스 드러그 마트(Shoppers Drug Mart)에서, 다른 방향으로는 파마세이브(Pharmasave)에서 1마일 정도로 가까운 곳에 위치해 있었습니다. 그래서 이전에 이곳에 있던 약국은 결국 폐업을 할 수밖에 없는 장소였습니다.

이런 불리한 환경 때문이었는지 처음에는 하루에 100개 이상의 처방전을 처방하겠다는 목표를 달성하는 데 시간이 좀 걸렸습니다. 하지만 얼마 지나지 않아 목표가 달성되었고 100개의 처방전이 들어왔던 날 우리는 축하파티를 했습니다. 그 뒤부터는 하루 처방전 100개는 아주 가볍게 넘었습니다. 그렇게 몇 년 안에 약국은 막냇동생 제이슨을 고급 기숙 고등학교와 예일대학에 보낼 수 있을 만큼 충분한 수입을 얻게 되었습니다. 제이슨의 마지막 등록금을 낸 다음에는 엄마가 타시던 10년 된 혼다 자동

차를 대신할 Mercedes-Benz S-Class를 사기도 했습니다. 그즈음 엄마가 인생의 다음 챕터인 지역 사회 사업과 자선 활동을 시작하던 시기이기도 했습니다. 그리고 리자이나를 떠날 때와 마찬가지로 이 시기도 엄마는 폭발적으로 도약하는 것 같은 느낌이었습니다. 엄마는 북한의 굶주리는 고아들을 먹이기 위한 일들을 후원하셨고, 밴쿠버한인장학재단(Vancouver Korean-Canadian Scholarship Foundation) 설립을 도왔습니다. 그리고 쓰나미 피해자를 돕기 위해 기금을 모으기도 했고, 한국 노인 요양 시설에 백만 달러를 기부하기도 했습니다. 엄마의 이런 활동들로 인해 한국의 대통령 표창을 받으셨고, 여왕의 다이아몬드 쥬빌리 메달도 수상하셨습니다.

그러나 시간조차 엄마를 막을 수 없으며 엄마의 유산은 여러 세대에 걸쳐 지속될 것입니다. 엄마는 작은 장소를 떠나 점점 더 넓은 세계로 삶의 무대를 넓히셨고 계속 엄마의 이름을 세상에 남겼습니다. 그리고 그 모든 과정에서 엄마에게 불가능한 일은 없었습니다.

추신: 유진이 어머니께 보내는 편지

엄마, 회고록 출판을 축하 드려요! 이 얼마나 대단한 성과인지요!

2011년에 눈보라 속 고속도로에서 차를 타고 가던 중에 엄마가 내게 김밥을 들이밀었을 때 김밥을 원하지 않는다고 소리 질렀던 일에 대해 죄송한 마음을 가지고 있었습니다. 이런 저의 실수가 비단 김밥에 국한된 것은 아니지만 그날 그런 식으로 대답하지 말았어야 했어요. 진심으로 죄송합니다. 그리고 2019년에 전화로 논쟁을 벌였던 일도 유감스럽게 생각합니다. 그 다음 날 엄마가 저에게 보낸 이메일을 지금도 가지고 있습니다. 엄마는 조안나와 조안나의 어머니가 장례식 꽃을 주문했던 단골 꽃가게에 어떤 분의 장례식을 위한 꽃꽂이를 주문하면서 리본을 추가해 달라고 요청했었습니다. 저는 넷플릭스에서 한국 드라마를 보면서 리본이 왜 중요한지에 대해 알고 있었지만 플로리스트(Florist: 꽃가게 주인)는 한국인임에도 불구하고 리본 서비스를 제공하지 않았습니다. 보스턴 지역에서는 어떤 꽃가게도 리본을 제공하는 곳이 없었고 그 꽃가게 주인 애기가 꽃을 주문한 사람 중에 리본을 요구했던 사람은 한 사람도 없었다고 했습니다. 나는 엄마가 왜 리본을 포기하지 않았는지 이해할 수 없었지만 그래도 그렇게 폭발하지 말았어야 했습니다.

또 1999년 샌프란시스코에서 엄마를 의심했던 일도 죄송합니다. 엄마가 우리 모두를 7월 4일 저녁을 위해 Fisherman's Wharf에 데려 가셨을 때 우리는 Hugh의 가족과 함께 있어서 12명쯤이었을 것입니다. 많은 인원이라서 예약 없이는 자리가 없을 줄 알았는데 엄마는 물가에 있는 부바 검프(Bubba Gump)에 들어 가셔서 창가 바로 옆에 자리를 잡아 주셔서 샌프란시스코만(灣)의 불꽃놀이도 감상할 수 있었습니다.

몇 년 전 저는 스티브 잡스(Steve Jobs)의 전기를 읽었는데 작가가 지금의 그를 있게 만든 몇 가지 요소를 설명할 때 애플의 창립주가 엄마와 매우 흡사하다는 생각에 충격을 받았습니다. 예를 들어, 엄마는 '아니오'라는 대답을 거부하고 엄마의 뜻에 맞게 현실을 왜곡하는 경향이 있습니다. 엄마에게는 사람들이 할 수 없다고 생각하는 일을 하게 만드는 능력과 어떤 게임이든 엄마가 만든 규칙에 따라 진행되도록 하는 능력이 있습니다. 스티브 잡스가 했다고 알려진 것처럼 장애인 주차 공간에 주차를 했다고 말하는 것은 아닙니다. 하지만 엄마는 어머니로서, 사업주로서 그리고 한 인간으로서 당신다운 삶을 사셨기 때문에 우리는 많은 방식으로 그리고 많은 경우에 혜택을 받고 자랄 수 있었습니다. 모든 주장에도 불구하고 우리를 밀어붙였던 것이 옳았고, 주장하고 지속한 것은 옳았습니다.

다시 한 번 회고록 출판을 축하드리며 엄마의 마음을 상하게 했던 시간에 대해 죄송한 마음과 저의 어머니가 되어 주셔서 감사한 마음을 전합니다. 엄마가 언젠가 이메일에서 말씀하셨던 것처럼 저는 엄마가 저를 얼마나 사랑하고 있는지 알고 있고 제가 엄마를 사랑한다는 것을 엄마도 잘 알고 있으리라 믿습니다.

당신의 아들 유진 올림

손자 네이슨*

Among the memories I have with my grandmother is the somewhat regular occurrence of going to her apartment in the southwestern area of British Columbia, Canada, and to a room down the hall to the left of the entry of her condo, then to the first door on the right which is/was a storage room filled with stained wooden storage cases and tan brown cardboard boxes pushed up against the walls of the room. Within the room there were various things such as coins, pictures, watches, et cetera that one could look at for hours, which I did. As of now I'd be willing to bet that I've spent a good amount of time wandering around and looking at various pieces of the past with someone occasionally coming in and explaining the significance of a certain object, award, etc. that was related to her. I look back on those hours positively, and am glad to have had the opportunity to see a piece of my past and identity through my grandmother and that room.

Another pleasant memory of my grandmother was her thanking me for making her and her husband grandparents with my

---

* 이언(怡彦). 첫째 아들 부부의 큰아들. 2007년 11월 25일에 태어남.

existence. Although this memory was horribly awkward at the time at the core it is heartwarming as she gave attention/ commendation for an event that no one intended and that I had nearly no part in. I feel it was quite thoughtful of her to take time out of the single week in which her three sons were with her to spend time even if brief, some positive attention.

할머니와 함께한 기억 중에는 캐나다 브리티시 컬럼비아의 남서부에 있는 할머니의 아파트로 가서 복도를 따라 입구 왼쪽에 있는 방으로 갔다가 첫 번째 문으로 가던 다소 규칙적인 일이 있습니다. 오른쪽에는 얼룩덜룩한 나무로 만든 보관 케이스와 방 벽에 붙어 있는 황갈색 마분지 상자로 가득 찬 보관실이 있습니다. 방 안에는 내가 몇 시간이고 볼 수 있는 동전, 그림, 시계 등 다양한 것들이 있었습니다. 가끔은 누군가가 들어와서 특정 물건이나 상의 의미를 설명해 주어서 시간 가는 줄 모르고 과거의 여러 조각을 돌아다녔습니다. 그 시간들을 긍정적으로 돌아보고, 할머니와 그 방을 통해 나의 과거와 정체성의 한 부분을 볼 수 있는 기회를 갖게 되어 기쁩니다.

할머니에 대한 또 다른 즐거운 추억은 할머니, 할아버지께서 내가 태어난 것에 대해서 나에게 '할머니, 할아버지가 되게 해주어 고맙다'고 말씀하신 것입니다. 내가 세상에 태어난 것이 비록 누구도 의도하지 않았던 일이고 더욱이 나는 거기에 기여한 것이 아니기 때문에 그 기억이 그다지 특별한 것은 아니지만 할머니께서 그렇게 감사하게 생각하신 것은 분명 내 마음을 따뜻하게 해준 일이었습니다. 할머니께서 세 아들의 가족들이 모두 모여서 1년에 한 주일 동안 함께 시간을 보내는 것을 매우 소중하게 생각하신다는 것을 잘 알고 있습니다.

손자 토머스(Thoma)*

I've always felt like Halmuni has always been trying to keep us happy. One time when she was over in our town she took me and my brother to Toys R Us. She said we could pick anything we wanted and she would get it for us. To me, it was quite a special moment.

 One of our traditions seems to be to go to a dim sum restaurant every time we visit Vancouver. Moments like these can make memories.

No matter what it seems all she wants for us is to let us have a good time, and I'm grateful for that, and I'm grateful for her.

항상 할머니께서 우리를 행복하게 해주려고 노력하는 것을 느낍니다. 한 번은 할머니께서 우리 마을에 왔을 때 나와 나의 형을 토이저러스로 데려 갔습니다. 할머니께서는 우리에게 원하는 것을 마음껏 고르라고 뭐든지 사주시겠다고 말씀하셨습니다. 저에게는 아주 특별한 순간이었습니다.

우리의 전통 중 하나는 밴쿠버에 갈 때마다 딤섬 레스토랑에 가는 것 같 습니다. 이런 시간들이 우리에게 추억이 되었습니다. 할머니께서 우리에게

---

* 지언(志彦). 첫째 아들 부부의 작은아들. 2011년 1월 25일에 태어남.

원하는 것은 무엇을 하든지 우리가 즐거운 시간을 보내는 것입니다. 저는 그런 할머니께 참 감사드립니다.

둘째 며느리, 보니(Bonnie)

Umunim,

Whenever someone talks about their mother-in-law, or rather, complains about them, I can never relate. After getting married, I moved in with you, father-in-law and your parents. This would not be easy for any newly married woman, especially in a Korean household where my duties would automatically include cooking and cleaning for everyone. But after we got back from our honeymoon, you hired a cleaning lady so I wouldn't have to be burdened with the extra responsibilities. Being a newlywed came with its own challenges so I was grateful that you didn't make my life harder, but tried to make it easier. Not all mother in laws are like that so I know I am very lucky.

You have many accomplishments but I feel your greatest legacy is your sons and the men they've become. My biggest thank you is for Dennis. You have raised a man with a good heart that cares deeply for his family and friends. He's always trying to be a better husband, better father and better friend. He is loving and I feel he knows how to love because he was so loved.

Before writing this letter, I made a list of the qualities I appreciated about you as my mother in law. That list consisted of: accepting, not controlling, not judgmental, understanding, doesn't hold onto negativity or resentment, and encourages happiness. Then I started thinking about my appreciation for you raising Dennis. I made a list of what I loved about him and I had an epiphany. The list is exactly the same! I see that his best qualities came from you. I am so grateful for this. I can only hope I can have such a positive and valuable impact on my children too.

Something else I'd like to emulate is that even with your busy schedule, you make sure to include something that you enjoy every day, whether it's golf or working on a passion project.

Whenever you get back from a trip, the kids always ask, "What did you do there?" and each time you answer, "I had a good time". It's an unexpected response to that question which makes us all chuckle every time but really, it sums it up perfectly. You had a good time. And honestly, I think the phrase sums up your life perfectly too. Your enthusiasm for life is delightful to witness and I hope Owen and James live their lives with the same intent.

I may not say it enough, but thank you for being a good mother to Dennis, a good grandmother to my children and good mother-in-law to me.

Bonnie

어머님, 누군가 시어머니에 대해 이야기할 때, 아니 시어머니에 대해 불평할 때마다 저는 결코 공감할 수 없었습니다. 결혼 후 저는 시부모님과 시조부모님과 함께 살기 위해 어머님 댁으로 들어왔습니다. 특히 모든 사람을 위해 요리하고 청소하는 일이 자연스럽게 며느리의 일이 되는 한국 가정에서 신혼 여성에게는 쉬운 일이 아닐 것입니다. 하지만 저희가 신혼여행에서 돌아온 후 어머님께서는 가사 도우미를 고용해서 제가 더 많은 책임을 져야 하는 일이 없도록 해주셨습니다. 신혼이라는 것이 나름의 어려움이 있기에 제 삶을 힘들게 하지 않고 편하게 해주셔서 감사했습니다. 모든 시어머니가 그런 것은 아니기 때문에 저는 매우 운이 좋다고 생각합니다.

어머님께서는 많은 성취를 이루셨지만, 어머님의 가장 큰 유산은 당신의 아들이 된 사람들이라고 생각합니다. 가장 큰 감사는 데니스에게 있습니다. 어머님께서는 가족과 친구들을 깊이 배려하는 좋은 마음을 가진 남자를 키우셨습니다. 데니스는 항상 더 나은 남편, 더 나은 아버지, 더 나은 친구가 되려고 노력합니다. 사랑이 가득한 데니스는 어머님께 사랑을 많이 받았기 때문에 사랑하는 법을 알고 있다고 생각합니다.

이 편지를 쓰기 전에 저는 시어머니로서의 어머님에 대해 높이 평가하는 자질의 목록을 작성했습니다. 그 목록은 '수용, 통제하지 않음, 판단하지 않음, 이해, 부정이나 원한을 품지 않음, 행복 장려' 등으로 구성되어 있습니다. 그런 다음 지금의 데니스로 키워 주신 것에 감사한 마음으로 제가 좋아하는 데니스의 특성을 적어 보고는 깨달음이 있었습니다. 두 목록이 정확히 일치했던 것입니다! 데니스의 최고의 자질은 어머님께로부터 나왔다는 것을 알았습니다. 정말 감사드립니다. 저의 아이들에게도 그렇게 긍정적이고 가치 있는 영향을 물려줄 수 있기를 바랄 따름입니다.

제가 본받고 싶은 또 다른 점은 바쁜 일정 속에서도 골프든 열정적인 프로젝트든 매일 즐기는 것을 포함시키신다는 것입니다. 어머님께서 여행에서 돌아올 때마다 아이들은 항상 '거기서 무엇을 하셨어요?'라고 물었습니다. 그러면 어머님께서는 항상 '즐거운 시간을 보냈지'라고 대답하셨습니다. 예상치 못했던 대답이라 우리 모두 웃음을 터뜨렸지만 이 대답은 진실을 잘 담고 있습니다. 어머님께서는 즐거운 시간을 보내셨습니다. 이 문구는 어머님의 삶을 완벽하게 요약하고 있습니다. 삶에 대한 어머님의 열정을 가까이서 보는 것이 즐겁고 Owen과 James가 어머님과 같은 삶을 살기를 바랍니다.

아무리 말씀드려도 충분하지 않겠지만 데니스에게 좋은 엄마가 되어 주시고 아이들에게 좋은 할머니가 되어 주시고 저에게 좋은 시어머니가 되어 주셔서 진심으로 감사드립니다.

보니 올림

둘째 아들, 데니스(Dennis)

Dear mom,

I wanted to thank you for everything you do, but especially for teaching me the life lessons to live by: 1. prioritize health, 2. strive to keep learning, and 3. help others.

Firstly, you always prioritized health. Despite your incredibly busy schedule raising 3 sons, working as a full-time pharmacist while navigating a new language and culture in Canada, you still prioritized our health. You regularly made home-made lunches and dinners, and you kept us active with family swimming, tennis, and social events, as well as many of our other individual sports. When I got sick and hospitalized, you dropped everything and stayed by my side until I recovered. You made me feel safe and protected, confident that you would be there whenever needed.

Secondly, you made us learn and be fiercely curious. You helped us with all our school work, but also pushed us to learn music, sports, work ethic, how to treat others, lessons around money and business, and anything else we could. Arriving in Canada you learned English by watching soap operas on TV, and forty years later you suggested I learn Korean by watching Korean dramas on

Netflix, which helps!

Thirdly, and perhaps most importantly, you taught me life was about helping others. You told me happiness can only be achieved by helping others. I see now the first and second lessons are important criteria to enable this ultimate goal. You can't help others if you don't learn, and you can't learn about anything if you're not well. But you can't be truly happy if you don't help others. I see now why you pushed so hard for me to become a doctor, as it keeps me engaged in all three of these principals. I've come to understand it is in helping others that one finds meaning in life. You always tell me to be happy, but I think what you are really telling me is to find meaning. Happiness is fleeting; it is the meaning that most of us seek.

Indeed, you have lived your life exemplifying these principals. You maintain exceptional health with great effort, swimming and walking every day. You even walked the El Camino de Santiago in Spain! You eat well, and your formal education is centred around health. But you have also had a lifetime of learning, not only as a pharmacist but also in business, politics, and community development. You still strive to improve your golf swing! And most impressively to me, you have used your good health and education not as a means to improve your own life or status, but to help others. And what you have accomplished in helping your

family, community, culture and country is something to behold. I
see all the meaning you have in your life, and you have not only
provided me a proven path to achieve my own, but inspire me to
achieve it. I am proud to say you are my mother.

thanks mom, I love you.

Dennis

사랑하는 엄마,

저는 엄마가 하는 모든 일에 감사하지만, 특히 1. 건강을 우선시하고 2. 계
속 배우기 위해 노력하고 3. 다른 사람을 도우라는 삶의 교훈을 가르쳐
주신 것에 감사드립니다.

첫째, 엄마는 항상 건강을 우선시했습니다. 세 아들을 키우고 캐나다에서
새로운 언어와 문화를 탐색하면서 전업 약사로 일하는 것까지 믿을 수 없
을 정도로 바쁜 일정에도 불구하고 엄마는 여전히 우리의 건강을 우선시
하셨습니다. 엄마는 집에서 점심과 저녁을 규칙적으로 만들어 주셨고 가
족 수영, 테니스, 사교 행사 및 기타 많은 개인 스포츠를 통해 우리를 활
발하게 만드셨습니다. 제가 아파서 병원에 입원했을 때 엄마는 제가 회복
될 때까지 모든 것을 내려놓고 제 옆에 있어 주셨습니다. 엄마는 제가 안
전하고 보호받고 있다는 느낌을 주었고 필요할 때마다 곁에 있을 것이라
는 확신을 주셨습니다.

둘째, 엄마는 우리를 맹렬한 호기심을 갖고 열심히 배우게 만드셨습니다.
엄마는 우리의 모든 학업을 도와주셨을 뿐만 아니라 음악, 스포츠, 직업

윤리, 타인을 대하는 방법, 돈과 사업에 관한 교훈 그리고 우리가 할 수 있는 모든 것을 배우도록 격려해 주셨습니다. 캐나다에 와서 TV 연속극을 보면서 영어를 배우신 엄마가 40년 후 우리에게 넷플릭스에서 한국 드라마를 보면서 한국어를 배우라고 제안하기도 하셨습니다. 그 방법은 저희에게 도움이 많이 되었습니다.

셋째, 아마도 가장 중요하게도 엄마는 저에게 인생은 다른 사람을 돕는 것이라고 가르쳐 주셨습니다. 행복은 남을 도와야만 얻을 수 있다고 말씀하셨습니다. 첫 번째와 두 번째 교훈이 이 궁극적인 목표를 가능하게 하는 중요한 전제조건이라고 생각합니다. 배우지 않으면 남을 도울 수 없고 몸이 좋지 않으면 아무것도 배울 수 없습니다. 그리고 남을 돕지 않으면 진정으로 행복할 수 없습니다. 이 세 가지 교훈을 삶으로 배우면서 이제서야 저는 왜 엄마가 저에게 의사가 되라고 강권하셨는지 깨달았습니다. 의사라는 직업은 제가 그 세 가지 가르침을 모두 잘 실천하도록 해주기 때문입니다. 삶의 진정한 의미는 다른 사람들을 돕는 것임을 이해하게 되었습니다. 엄마는 제게 항상 행복하라고 말씀하셨지만 엄마가 진정으로 말씀하시는 것은 의미를 찾는 것이라고 생각합니다. 행복은 덧없는 것이지만 의미야 말로 모두가 추구하는 것입니다.

참으로 엄마는 이러한 원칙을 실제로 보여주는 모범처럼 살아오셨습니다. 매일 수영과 걷기와 같은 엄청난 노력으로 뛰어난 건강을 유지하고 계십니다. 심지어 스페인의 엘 카미노 데 산티아고도 걸으셨답니다! 엄마는 뭐든 잘 드셨고, 건강과 관련된 전공도 공부하셨습니다. 하지만 엄마는 약사로서뿐만 아니라 비즈니스, 정치, 지역 사회 개발에서도 끊임없이 공부하셨습니다. 엄마는 지금도 골프 스윙 실력을 향상시키기 위해 노력하고 있습니다! 그리고 가장 인상적인 것은 엄마가 당신의 건강과 배움을 자기 삶이나 지위를 향상시키는 수단이 아니라 다른 사람을 돕는 수단으로 사용했다는 것입니다. 그리고 가족, 지역 사회, 문화 및 국가를 도우면서 성취한 것은 정말 놀라운 것이었습니다. 저는 엄마 삶의 모든 의미를 알고 있습니다. 그리고 엄마는 제가 저의 삶을 성취할 수 있도록 입증된 길을 제공해 주셨을 뿐만 아니라 그것을 성취하도록 영감을 불어넣어 주셨습니다. 엄마가 저의 어머니라는 것이 자랑스럽습니다.

고마워요 엄마, 사랑해요.

데니스 올림

손자 오웬(Owen)*

Grandma,

Something I always look forward to is our family vacation to Mexico that you organize every year. I love being able to meet up with my cousins, aunts, uncles and you and grandfather in such a wonderful setting. For one week, we get to eat together, do fun activities and enjoy each other's company. It's unfortunate that we all live so far apart but you are so thoughtful by making the effort to connect our entire family each year.

I love hockey, so going to an NHL game is extremely exciting for me. Whenever the opportunity arises for you to get NHL tickets, you immediately think of me and it makes me feel so special. I am lucky to have gone to many games now because of you. The most memorable game I've been to was when just you and I went together. We sat in the box where there was lots of free food and drinks. I was very impressed at how many burgers you ate. That game ended very late and it was a long drive from downtown but you still had a smile on your face until you dropped me off. Thank

---

* 시언(時彦). 둘째 아들 부부의 큰아들, 2009년 6월 28일에 태어남.

you for sacrificing your time (and sleep) solely to make your grandson happy.

It is one of the many incredible experiences you have given me. Whenever I see you, you are so encouraging and generous. You always tell me that I am so smart and I can achieve anything. It feels good to have someone believe in me like that. I'm very appreciative of all you do for me and I recognize that it's your hard work that has given me my comfortable modern life now.

Your grandson, Owen

할머니,

저는 할머니께서 매년 주도하는 멕시코 가족 휴가를 항상 기대합니다. 이렇게 멋진 환경에서 사촌, 이모, 삼촌 그리고 할아버지와 만날 수 있어서 너무 좋아요! 일주일 동안 우리는 함께 식사를 하고, 재미있는 활동을 하고, 서로와의 만남을 즐깁니다. 우리가 서로 멀리 떨어져 있어서 아쉬워한다는 걸 아시고 사려 깊은 할머니께서는 매년 우리 가족 전체를 연결하기 위해 노력하십니다.

저는 하키를 좋아하기 때문에 NHL 경기에 가는 것은 매우 흥미로운 일입니다. 할머니께서는 NHL 티켓을 얻을 기회가 생길 때마다 저를 생각해 주시며 저를 매우 특별하게 대해 주십니다. 할머니 덕분에 많은 경기를 관람할 수 있어서 행복합니다. 제가 가본 게임 중 가장 기억에 남는 게임은 할머니와 함께 가서 관람했을 때입니다. 우리는 많은 무료 음식과 음료가 있는 특별석에 앉았습니다. 저는 할머니께서 그렇게 많은 햄버거를 드신 것에 대해 감탄했습니다. 그 게임은 매우 늦게 끝났고 시내에서 차로 먼 거리에 있었지만 저를 내려줄 때까지 할머니께서는 여전히 얼굴에 미소를 머금고 계셨습니다. 손자를 행복하게 하기 위해 시간(그리고 잠)을 아낌없이 내어 주셔서 감사합니다. 이것은 할머니께서 저에게 준 많은 놀라운 경험 중 하나입니다.

할머니께서는 만날 때마다 저에게 용기를 북돋워 주시고 너그럽게 대해 주십니다. 항상 제가 똑똑하고 무엇이든 이룰 수 있다고 말씀해 주십니다. 누군가가 나를 그렇게 믿어준다는 것은 기분 좋은 일입니다. 지금 저의 편안하고 현대적인 생활을 위한 할머니의 노고와 저를 위해 해주시는 모든 일에 감사드립니다.

손자 오웬 올림

손자 제임스(James)[*]

Dear Grandma.

I know family is very important to you. Our family lives across the world in different cities, so you always try to make plans to meet up in Mexico every year. I love going to Paradise Village to play with my cousins at the beach, play board games with my uncle, and eat good food. I'm grateful we have these vacations.

You are always proud of me. I know you're proud because you always tell me great things when I get a good report card or score a goal in a hockey game. But even if I don't score a goal, you're still proud of me for trying.

I appreciate that you always want to buy me things. When I want something, you are so willing to buy it for me and try to make me happy.

I know you are very busy because you work, play golf and do a lot of volunteer work, but when you make time to come to my events, you always make me feel special and loved.

Thank you, Grandma, for loving me.

---

[*] 리언(彦). 둘째 아들 부부의 작은아들, 2011년 10월 11일에 태어남.

Love James

사랑하는 할머니,

저는 할머니께 가족이 매우 소중하다는 것을 알고 있습니다. 우리 가족은 전 세계 여러 도시에 살고 있기 때문에 매년 멕시코에서 만날 계획을 세웁니다. 저는 파라다이스 빌리지에 가서 사촌들과 해변에서 놀고, 삼촌들과 보드 게임을 하고, 맛있는 음식을 먹는 것을 좋아합니다. 우리에게 이러한 휴가가 있음에 감사합니다.

할머니께서는 항상 저를 자랑스럽게 생각하십니다. 제가 좋은 성적표를 받거나 하키 경기에서 골을 넣을 때면 항상 좋은 말씀을 해주시는 것을 보고 저를 자랑스러워하신다는 것을 느낍니다. 하지만 제가 골을 넣지 못하더라도 할머니께서는 여전히 제가 노력한 것에 대해 자랑스럽게 생각해 주십니다.

저는 할머니께서 항상 저에게 선물을 사주고 싶어하시는 것에 감사 드립니다. 제가 뭔가를 원할 때 할머니께서는 저를 위해 기꺼이 그것을 사주시며 저를 행복하게 해주려고 하십니다.

할머니께서 일도 하고 골프도 치고 봉사활동도 많이 하시기 때문에 바쁘시지만 저의 특별한 날에 오실 때면 할머니께서는 항상 제가 특별하고 사랑 받는 사람임을 느끼게 해주십니다.

할머니, 저를 사랑해 주셔서 감사합니다.

사랑을 담아 제임스 올림

막내아들 제이슨(Jason)

Dear Mom,

Thank you for providing the opportunities I had growing up, and I'm sorry I didn't appreciate them enough at the time. I was too young to understand the early hardships in your career, and as I got older I took your later achievements for granted. Now as an adult with my own career, I can appreciate the challenges you had to overcome as an entrepreneur and small business owner, let alone as a woman and minority speaking a second language. I admire your perseverance and hard-won success in a time even less welcoming to diversity.

I've also realized just how much you had to learn for yourself along the way. Everything you taught me about Western culture and society norms I've internalized having grown up immersed in them you had to learn and adopt as an adult. I still remember your lesson on dinner etiquette during an Alaskan cruise with your parents, and it occurs to me I don't know where you would have learned that. I'm grateful for your curiosity and resourcefulness, and for your efforts to develop those qualities in me.

Congratulations on your biography. I'm glad people can read

about your life and the impact you've had on so many others. You've always emphasized the importance of helping people, and I've seen how hard you've worked to live that mission.

Your loving son, Jason

사랑하는 엄마,

제가 성장할 수 있었던 기회를 제공해 주셔서 감사하고, 그 당시에 충분히 감사한 마음을 표현하지 못해서 죄송합니다. 저는 너무 어려서 엄마의 초기 경력의 어려움을 제대로 이해하지 못했고, 나이가 들면서 엄마의 후기 성취를 당연하게 여겼습니다. 이제 저만의 경력을 가진 성인으로서 제2외국어를 사용하는 여성과 소수 민족으로서는 말할 것도 없고 기업가이자 소기업 소유주로서 극복해야 했던 어려움을 이해할 수 있습니다. 다양성을 환영하지 않는 시대를 살았던 엄마의 인내와 힘들게 얻은 성공에 경의를 표합니다.

또한 그 과정에서 엄마가 스스로 얼마나 많은 것을 배워야 했는지 깨달았습니다. 저는 서구 사회에 살면서 자연스럽게 내면화하며 배웠던 서양 문화와 사회 규범에 대한 모든 것을 엄마는 어른이 되어서야 배우고 채택해야 했습니다. 할머니와 할아버지와 함께 한 알래스카 크루즈 여행에서 저녁 식사 예절에 대한 엄마의 수업을 기억하고 있습니다. 엄마는 어떻게 그것을 다 배우셨는지 잘 모르겠습니다. 저는 엄마의 호기심과 끝간 데 없는 활력 그리고 제 안의 그러한 자질을 개발하려는 엄마의 노력에 감사드립니다.

엄마의 회고록 출판을 축하드려요. 사람들이 엄마의 삶과 엄마가 다른 사람들에게 끼친 영향에 대해 읽을 수 있게 되어 기쁩니다. 엄마는 항상 사람들을 돕는 것의 중요성을 강조하셨고, 저는 엄마가 그 사명을 수행하기 위해 얼마나 열심히 노력했는지 보았습니다.

사랑하는 막내아들 제이슨 올림

연월일	주요 행적
1946년 12월 23일	대한민국 서울에서 출생
1959년 2월	서울 재동초등학교 졸업
1962년 2월	경기여자중학교 졸업
1965년 2월	경기여자고등학교 졸업
1968년 5월	이화여대 학생대표로 이스라엘에서 개최된 '세계 대학생 대회' 참석
1969년 2월	이화여자대학교 약학대학 졸업 (약학 학사)
1969년 2월	이화여대 대학원 학생회 부회장
1970년 5월 10일	오강남과 결혼
1971년 2월	이화여자대학교 약학대학원 졸업 (약학 석사)
1971년 2월 2일	캐나다 이민 (해밀턴 거주)
1971년 8월 1일	첫째 아들 오유진 출산
1974년 2월 27일	둘째 아들 오유민 출산
1975~1976년	캐나다 토론토대학 약학대학 약학과 이수
1976년	토론토 이주 및 약사 근무
1977년	캐나다 위니펙 이주 및 매니토바주 약사 자격증 취득

연월일	주요 행적
1977년 8월	온테리오주 약사 자격증 취득 및 온테리오주 스카보로 (Scarborough)시 Park Central약국에서 약사 근무
1978년	에드먼튼 이주 및 앨버타주 약사 자격증 취득
1978~1982년	애드먼튼Owl Drug Mart에서 약사 근무
1980년 6월 12일	셋째 아들 오유현 출산
1982년	캐나다 리자이나 이주 및 서스캐치원주 약사 자격증 취득
1982~1991년	캐나다 리자이나 Pinder's Drugs 약국 약사 및 매니저로 근무
1989~1990년	리자이나 한글학교 교사
1991년	밴쿠버 이주 및 브리티시 컬럼비아주 약사 자격증 취득
1992~2014년	Eagle Ridge Drugs 경영
2000~2001년	밴쿠버한인장학재단 이사
2002~2008년	밴쿠버한인장학재단 이사장
2002~2008년	First Steps 재단(북한 어린이에게 두유, 두유 제조 기계, 비타민 등 배급) 이사
2002년 6월 22일	밴쿠버한인장학재단 기금모금 조영남 초청 자선 음악회
2002년	쿠바 방문
2002년 11월	중앙일보 오유순 특집 기사 (연은순 문학 전문 기자)
2003년	경기여자고등학교 밴쿠버지부 동창회장
2003~2005년	밴쿠버 코리아미디어 신문 편집자문위원
2003~2011년	민주평화통일 자문위원회 캐나다 서부지회 수석부회장

연월일	주요 행적
2004년	대한민국 국무총리 표창 (사회봉사) 수상
2004~2008년	밴쿠버 조선일보 의약 및 건강 자문위원
2005~2011년	민주평화통일 자문위원회 캐나다서부지회 여성위원회 위원장
2007년 12월	서울대학교 밴쿠버 동문회 관악상 수상
2009년~현재	무궁화재단 이사장
2009~2010년	무궁화 봉사회 회장
2009~2012년	밴쿠버 한인회 회장
2010년	대한미국 대통령 표창(캐나다 교민사회 봉사)
2010년 1월	밴쿠버 한인회 주최 '길놀이 한마당' 개최
2010년 2월	한인회 주최 밴쿠버 동계올림픔(김연아 선수 등 금메달) 태극기 응원
2010년 4월	한인회 주최 한인회관 건립기금 마련을 위한 '가수 윤형주, 김세환 초청 자선음악회' 개최
2010년 8월 14일	한인회 주최 '해군 순항 훈련함대 밴쿠버 방문 환영 행사' 개최
2010년 9월	한인회 주최 '한국 전통음식 소개 및 시식회' 개최
2010년 10월 28일	한인회 주최 올림픽 마라톤 은메달리스트 이봉주 선수 초청 '가을맞이 가족 건강 걷기의 날' 행사 개최
2010년	한인회 주최 '사랑의 헌혈 캠페인' 개최
2010년	브라질, 아르헨티나, 페루 여행
2010년~현재	오약국(Oh Pharmacy) 경영
2011~2012년	이화여대 총동창회 북미주지회연합회 밴쿠버지부 회장

연월일	주요 행적
2011년 2월 19일	한인회 주최 '토끼해 한인 태평기원 정월 대보름 길놀이 행사' 개최
2011년 5월 17일	한인회 주최 '타민족과 함께 가족 걷기 워커톤 행사' 개최
2011년 10월	경기여자고등학교 영매 메달 수상
2012년	이화여대 총동창회장 북미주지회연합회 회장
2012년 2월 4일	한인회 주최 '흑룡해 한인 태평기원 정월 대보름 길놀이' 개최
2012년 5월	한인회 주최 '한인 비즈니스 박람회' 개최
2012년 11월	배은영 동문의 '고도를 기다리며' 특별 기고문 출간 (이화여대 총동창회 북미주지회연합회 회보)
2012년 11월 1~4일	이화여대 총동창회 북미주지회연합회 총회 개최
2012년 12월	대한민국 한국전쟁 참전용사협회 감사패 수상
2012~2014년	브리티시 컬러밉아주 주정부 다문화 자문위원
2013년	이화여대 총동창회 북미주지회연합회 이사장
2013년 1월	캐나다 정부로부터 엘리자베스 2세 여왕 다이아몬드 쥬빌리 메달 수상
2013년 2월 11~20일	네팔 도보 여행(Kathmandu, Pokhara, Sagramartha 등)
2013년 5월	한국보훈회 사회봉사 감사패 수상
2014~2018년	밴쿠버한인장학재단 이사장
2017년	캐나다 상원 150주년 기념 메달 수상
2017년 10월 29일	뉴비스타 요양원 건립 기금 100만 달러 기부(무궁화재단과 뉴비스타 간 MOU 체결 주도. 향후 10년간 매년 5만 달러 기부 약속)
2018년 4월 16일~5월 4일	스페인 산티아고 순례자의 길 걷기 및 영국 런던, 포르투갈 여행

연월일	주요 행적
2019년 5월 1~20일	베트남 다낭, 중국 청도 여행
2020년 1월	신지식인협회로부터 '세계 신지식인'으로 선정됨
2020년 10월	뉴비스타 요양원 신축 완공 및 입주(2층 한국인 전용 공간)
2022년 3월	뉴비스타 요양원이 '유니스 오 레지던스'로 명명됨
2022년 5월 5일	Apotex가 선정하는 APOthecary Hero에 선정됨
2023년 4월	이화여대 약학대학 동문회 감사패 수상
2023년 10월 5일	대한민국 정부 국민훈장 모란장 수훈
2023년 10월 21일	경기여자고등학교 자랑스러운 경기인상 수상
2023년 10월 25일	이화여대 약학대학 동문회 축하패(국민훈장 모란장 수훈 축하) 수상